Les infortunes du roman dans le Québec du XIXe siècle

Yves Dostaler

Les infortunes du roman dans le Québec du XIXe siècle

Collection Littérature

Cahiers du Québec/Hurtubise HMH

Le Conseil des Arts du Canada
a accordé une subvention
pour la publication de cet ouvrage

Nous remercions monsieur Gaston Côté
de nous avoir permis de reproduire,
en page couverture, un dessin original
de Suzor Côté.

Éditions Hurtubise HMH, Ltée
380 ouest, rue St-Antoine
Montréal, Québec
H2Y 1J9
Canada

ISBN 0-7758-0081-3

Dépôt légal / 2e trimestre 1977
Bibliothèque Nationale du Québec
Bibliothèque Nationale du Canada

Table des matières

Introduction

Au cours de ces dernières années, les études sur le roman canadien-français se sont multipliées; on s'est penché, avec un rare bonheur parfois, sur son histoire, son évolution, sa technique. Cette réflexion de plus en plus intensive a mis en lumière la nécessité d'étudier, non plus le roman canadien, mais l'attitude canadienne-française à l'égard du genre romanesque lui-même, car on s'est rendu compte que le milieu culturel dans lequel un genre littéraire se développe influence l'évolution de ce genre.

Un auteur, en effet, ne peut guère s'affranchir des goûts et des tendances de son public. Au risque de vivre au ban de la société, il doit faire à ses lecteurs de nombreuses concessions. Cette nécessité est impérieuse dans un milieu monolithique comme celui des Canadiens français du XIXe siècle, où la population catholique était imprégnée d'une morale rigoureuse. Elle apparaît avec moins d'évidence dans des milieux plus diversifiés comme la France du XIXe siècle où la conception de la vie variait selon les croyances ou les philosophies; l'écrivain étant plus facilement assuré alors d'une clientèle suffisante peut faire preuve d'indépendance de pensée, tandis que les milieux soumis à un code moral uniforme ont tendance à rejeter les œuvres qui ne s'inscrivent pas dans le courant de la pensée communément acceptée.

Ces constatations s'imposent davantage au romancier dont l'œuvre porte obligatoirement sur la condition humaine et met en cause les mœurs de l'homme ou son attitude devant la vie. Le Canada français sera donc particulièrement sévère pour les romans dont les personnages adopteront des attitudes opposées à la morale chrétienne.

Il nous a paru intéressant de nous pencher sur l'influence qu'exercent les facteurs externes dans l'évolution d'un genre littéraire et d'étudier l'opinion canadienne-française à l'égard du roman.

Notons bien qu'il ne s'agit point ici du roman canadien, mais de l'attitude du milieu canadien-français à l'égard de tout roman, étranger ou non. D'ailleurs c'est beaucoup plus le roman étranger que le roman autochtone qui provoquera les réactions que nous aurons à analyser.

Nous avons préféré également parler de l'opinion plutôt que de la critique canadienne-française, car il n'existe pas alors de véritable critique littéraire. Non seulement la fonction même est-elle inexistante mais les quelques écrits sur le sujet ne se réfèrent guère à des systèmes littéraires cohérents et sont l'œuvre de juristes, de journalistes, de prêtres ou de moralistes autant que d'hommes de lettres.

Enfin le cadre chronologique que nous nous sommes assigné n'est guère commandé par une nécessité interne. En ce qui concerne le roman, nous n'avons pas décelé de courants de pensées ou de faits littéraires ayant orienté l'opinion canadienne dans un sens contraire à l'attitude traditionnelle. L'évolution s'est faite au rythme de la culture du peuple et de l'importation de plus en plus régulière des livres français. Aussi les limites que nous nous sommes imposées ne répondent-elles qu'à des raisons pratiques.

La question à laquelle nous essayons de répondre est tout simplement la suivante: quelle fut dans l'appréciation du roman, au XIXe siècle, l'opinion canadienne-française?

Le premier chapitre dressera un inventaire de la littérature romanesque en vogue à cette époque; le deuxième montrera comment on a tenté de justifier le roman en lui assignant un but moral ou social ; les troisième et quatrième chapitres analyseront les conséquences morales et littéraires de cette attitude.

Dans la mesure où elle permettra un acheminement vers une véritable histoire de la critique du roman au Canada, cette étude atteindra son objectif.

Chapitre 1

Inventaire des romans en circulation au XIXe siècle

Inventaire des romans en circulation au XIXe siècle

Pour comprendre l'opinion canadienne-française à l'égard du roman, il faut, en premier lieu, dresser un inventaire des connaissances du public en ce domaine. Le roman a-t-il été populaire ici? Dans quelle mesure fut-on au courant des œuvres en vogue dans les pays susceptibles de nous influencer? Quels furent les romanciers les plus appréciés? Autant de questions à préciser. Nous compléterons cet inventaire en faisant le relevé des écrivains canadiens-français qui se sont particulièrement intéressés à la critique romanesque et nous tenterons de découvrir leurs sources d'informations.

I

Dès le début du XIXe siècle, le roman a capté l'attention des lecteurs canadiens-français. Pour la période qui précède 1830, des témoignages assez éloquents le laissent croire, en dépit d'une production littéraire très pauvre. Alphonse Lusignan raconte que

> les livres étaient rares [...]. On copiait jusqu'aux romans. Il y avait encore à Montréal, ces dernières années, un comte [...] qui avait copié les trois volumes [...] du *Siège de La Rochelle. Le Siège de La Rochelle* par Madame de Genlis, qui de nous n'a pas lu cela? Qui ne s'est pas ému aux chastes amours de Valmore et de Clara? [...]. C'est ce livre et de semblables dont nos pères qui savaient lire

ont mouillé les pages de leurs larmes sincères. C'est de ce livre qu'on a tiré les noms de baptême de Valmore, de Clara, de Jules et je connais telle famille dont tous les enfants ont pris au baptême le nom de quelqu'un des personnages de ce gros roman [1].

Connaît-on beaucoup d'ouvrages modernes qui jouissent d'une pareille popularité? Et qui plus est, l'abbé Painchaud s'avise en 1826 d'écrire au célèbre romancier Chateaubriand: «Je dévore vos ouvrages dont la mélancolie me tue, en fesant [sic] néanmoins mes délices, c'est une ivresse. Comment avez-vous pu écrire de pareilles choses sans mourir? [2].»

Enfin, une jeune fille de quatorze ans écrit au rédacteur du *Spectateur* en 1813, une lettre qui laisse perplexe:

> J'approche de ma quatorzième année [...]. À 8 ans, on m'avait mise comme beaucoup d'autres dans une école dont je m'accommodais assez [...]. J'avais une excellente maîtresse qui nous laissait en toute liberté nous donner à nos ébats [...]. Quant aux lectures, elles étaient courtes et raisonnables. On lisait les Romans les plus jolis et les plus instructifs, surtout point de ces ouvrages qui ressemblent à des lamentations [...].
>
> Maman n'a point approuvé ce plan. À mon grand regret, elle m'a retirée de ma pension pour travailler elle-même à mon éducation. La maison est un tombeau. Ce sont surtout mes anciennes lectures que je regrette. Je m'y livrais déjà avec d'autant plus d'ardeur que bien des personnes qui fréquentaient notre pension disaient que la lecture des romans formait le cœur et l'esprit des jeunes personnes, leur donnait du sentiment et des grâces [3].

Évidemment, ces trois témoignages, pour authentiques qu'ils soient, ne doivent pas nous donner le change, sans compter que Lusignan évoque des souvenirs que cinquante ans de recul ont pu

---

1) Alphonse Lusignan, *Nos premiers rapports littéraires avec la France*, dans *Nouvelles Soirées canadiennes*, t.V (1886), p. 433.

2) *Le Journal de Québec*, 25 février 1843.

3) *Le Spectateur*, 3 juin 1813.

embellir, que le romanesque abbé Painchaud passait pour un « littérateur » et que plus d'un lecteur du *Spectateur* crut, pour ce qui concerne la lettre de cette jeune fille, à une fumisterie[4]. Ils indiquent tout de même un état d'esprit qui fut sans doute celui d'un bon nombre des 13,000 personnes que Michel Bibeau, en 1825, estime en état de lire convenablement et de souscrire aux publications[5].

* * *

De 1830 à 1860, les témoignages abondent: *La Revue canadienne* de 1845 affirme « que la littérature contemporaine entre de tous côtés dans notre Canada[6] », et Casgrain s'inquiète de ce que « les écrits modernes, même les plus dangereux, sont plus en circulation parmi nos populations canadiennes qu'on ne le pense souvent[7] ».

Ces textes, il est vrai, ne mentionnent pas explicitement le roman, mais, si l'on se rapporte aux annonces publicitaires de *La Ruche littéraire* qui, à maintes reprises en 1854, met en vente 15 romans de Balzac, 20 de Dumas, autant de Paul de Kock, 17 de George Sand, 13 d'Alphonse Karr et combien d'autres[8], si l'on pense aux offres de la plupart de ces romans par la librairie Mc Coy dans *La Revue canadienne* de 1847[9] ou encore, à cet incident des 1500 ouvrages immoraux brûlés par la librairie J.-B. Rolland[10], on peut croire que les romans constituaient la majeure partie de ces « avalanches de livres »[11] dont parle Casgrain.

* * *

Après 1860, la popularité du roman ne cesse de croître. Hec-

---

4) *Le Spectateur,* 1er juin 1813.
5) *La Bibliothèque canadienne*, t. 1, no 4, septembre 1825.
6) *La Revue canadienne*, 15 février 1845.
7) Henri-Raymond Casgrain, *Oeuvres complètes*, t. III, p. 6.
8) *La Ruche littéraire*, juillet 1854.
9) *La Revue canadienne*, 17 décembre 1847.
10) Séraphin Marion, *Les lettres canadiennes d'autrefois*, t. IV, p. 28.
11) *Loc. cit.*

tor Fabre écrit en 1866: « Les députés en général lisent peu [...]. Lorsqu'ils lisent, ce sont les romans qui ont leur préférence et ils les choisissent d'après les titres. Les titres mystérieux les allèchent; les titres scabreux les affriandent. La série de *La Semaine littéraire* est hors d'usage; la collection in 18 d'Eugène Sue a été enlevée jusqu'au dernier volume[12] ».

Oscar Dunn, en 1874, « constate que les représentants de la nation ne dédaignent ni Alexandre Dumas, ni Paul de Kock, ni Eugène Sue. *Monte-Christo* n'est jamais tant lu à Ottawa que durant la période fortunée où sont votées les lois et les taxes. [...] Plusieurs ont demandé *Les Misérables*, peu les ont lus jusqu'au bout. *Les Grandes Dames* d'Arsène Houssaye sont très connues; c'est ce qu'elles méritent[13] ».

J.-B. Caouette met à profit cet engouement pour composer ce qu'il pense être une belle page littéraire:

> La jeunesse des campagnes lit autant, peut-être plus que celle des villes [...].
> je voudrais pouvoir dire [...] que les romans sont répudiés parmi nous [...]. Mais le feuilleton est là qui empêche le roman de s'en aller comme une vieille mode. Le feuilleton sent le roman à une lieue [...]. Il s'introduit partout. La bonne, à son réveil, l'arrache des mains du bébé qui l'a trouvé sous la table à dîner [...]; le bureaucrate l'aperçoit pendu à la sonnette de la porte cochère; le forgeron sur son enclume, l'épicier dans sa balance [...] l'étudiant y compromet son futur examen de droit ou de médecine [...] le pauvre lui-même y laisse ses habitudes de labeur et de courage [...].
>
> Voyez là-haut à cette fenêtre. Derrière ce petit pot de fleurs, sous cette cage, dans laquelle se balance le proverbial perroquet, la jeune fille à l'œil azuré, au front candide, a laissé tomber son aiguille [...]. Pourquoi? [...] Demandez-le à ce petit bonhomme affairé, qui vient de lui

---

12) Hector Fabre, Chronique du *Foyer Canadien*, t. IV, (1886), p. 361.

13) *L'Opinion publique*, 15 janvier 1874.

jeter par la fenêtre en échange de deux sous, une petite feuille encore humide. La jeune fille lit son feuilleton[14].

Sur un ton moins livresque, *La Revue canadienne* s'inquiète: « Nous sommes inondés de mauvais livres. Nous en avons trouvé partout et souvent là où nous nous attendions le moins à en voir[15] ».

Le Bibliothécaire de l'*Institut canadien de Québec*, en déplorant la vogue de la littérature légère, atteste sa popularité:

> Ainsi en 1875, le nombre de volumes sortis de la bibliothèque n'était que de 4,006. [...]. Durant les douze mois expirés le 31 décembre, nos membres ont lu 6971 volumes [...].
>
> Vous me permettrez cependant d'exprimer un regret, les dix-neuf vingtièmes, au moins de ces 7000 volumes [...] sont des ouvrages de littérature légère. C'est un véritable événement lorsque quelqu'un demande un livre sérieux[16].

Selon Joseph Desrosiers, en 1885: « Le feuilleton, le roman judiciaire, le drame à sensation, voilà ce que je vois encouragé au milieu de nous[17] ».

Enfin Louis Franc, cite d'abord un extrait de *La Semaine religieuse de Montréal* qui déclarait:

> Hélas, nous constatons avec douleur que les mauvais livres envahissent notre société [...]. Il ne s'agit pas seulement de romans légers mais d'ouvrages condamnés par l'Église, d'ouvrages où la religion et la pudeur sont insultées avec cynisme; nous parlons des écrits de Zola, de J.-J. Rousseau, de George Sand, d'Eugène Sue et de Victor Hugo et de ce que produit la littérature la plus malsaine de nos jours.

---

14) *L'Opinion publique*, 29 octobre 1874.

15) *La Revue canadienne*, XV (1878), p. 343.

16) Annuaire de l'*Institut canadien de Québec*, 1880, p. 124.

17) Joseph Desrosiers, *Pierre Corneille* dans *La Revue canadienne*, nouvelle série, V (1885), p. 160.

Puis il poursuit par le commentaire suivant:

> Tout est malheureusement vrai [...]. Il n'y a pas seulement que dans les villes que l'on ait à déplorer cette profusion d'œuvres malsaines [...] il n'y a presque plus d'endroit de notre province, si reculé soit-il, où cette littérature déshonorante n'ait pénétré. Un prédicateur de retraite me disait un jour: « Je viens de prêcher une mission dans une paroisse nouvellement établie [...]. J'y ai dénoncé les mauvais livres; le lendemain on m'apportait [...] les livres les plus sales et les plus immoraux que l'on puisse imaginer »[18].

Que ces textes soient hyperboliques, nous le concédons volontiers; ils indiquent néanmoins la popularité évidente du roman puisqu'on s'en alarme à ce point. Ajoutons à cela l'abondance des feuilletons pour la plupart d'auteurs anonymes ou inconnus, publiés dans les journaux de l'époque, le nombre assez imposant d'albums littéraires ou de suppléments ajoutés aux principaux journaux, les publications étrangères comme *La Bibliothèque française* qui, vers les années 1880-1890, « publie tous les mois un volume contenant un grand roman complet d'un des auteurs les plus en renom en France[19] » ou comme *La Vie populaire* qui « paraît deux fois la semaine et contient tous les romans à succès qui paraissent à Paris, tous les chefs-d'œuvres de la littérature moderne[20] », ou même *La Bibliothèque à 5 sous*, toute cette production romanesque atteste, d'une façon incontestable, la popularité du genre auprès d'une partie de la population canadienne-française du XIXe siècle.

---

18) Louis Franc, *Mauvais livres et mauvais feuilletons*, dans *La Revue canadienne*, IIIe série, IV (1891), p. 162.

19) Thomas Chapais, *Gare le poison*, dans *Le Courrier du Canada*, 13 septembre 1892.

20) Thomas Chapais, *Les réclames de « l'Électeur »* dans *Le Courrier du Canada*, 11 juin 1885.

II

Quelle était la qualité de ces œuvres romanesques offertes au public ? Quels furent les auteurs les plus recherchés, les ouvrages les plus appréciés ? Pour le savoir, peut-on se fier à la publicité des annonces de librairie, aux articles consacrés à tel auteur dans les journaux et revues ? Mais alors, de Madame de Genlis on n'aurait connu que *Adèle et Théodore*[21], *Les chevaliers du Cygne ou la cour de Charlemagne,*[22] *Les petits émigrés*[23], *Le Siège de La Rochelle*[24]. Et pourtant, d'après le témoignage de Lusignan, elle fut une romancière fort populaire. Zola, au contraire, ne le fut guère malgré le tapage que les journaux des années 1890 ont fait autour de son nom.

Mais ce qui importe, c'est de dégager les courants principaux qui éclairent les goûts de l'époque ou la connaissance des œuvres romanesques. Dans ce but, faisons une étude de la production offerte par les libraires de l'époque, un inventaire des bibliothèques, un relevé des critiques littéraires dans les journaux ou revues. Nous réunirons ici des indications recueillies et nous examinerons les romans des littératures française et étrangère qui ont eu ici une certaine popularité.

* * *

Parmi ceux qu'en France on appelle les maîtres du roman, quel choix fut offert aux Canadiens du XIXe siècle ? Les romans du XVIIe siècle ont été ignorés ; on relève une simple mention de *La Calprenède* dans un catalogue de livres du journal *L'Aurore*[25] ; le nom de Madame de Lafayette est signalé par le juge François

---

21) Pierre J.-O. Chauveau, *Charles Guérin*, p. 136.
22) *L'Abeille canadienne*, décembre 1818.
23) *La Revue canadienne*, 12 novembre 1847.
24) Annuaire de l'*Institut canadien de Québec*, 1875, p. 153.
25) *L'Aurore*, 1815, citée par Laurence A. Bisson, *Le romantisme littéraire au Canada français*, p. 18.

Langelier dans une réponse à une enquête de *La Patrie*[26], qui avait prié certains hauts personnages de faire connaître leurs auteurs de prédilection.

Les Aventures de Télémaque, au contraire, reviennent souvent dans les annonces publicitaires: *Le Courrier de Québec* de 1807 lui consacre un article élogieux[27], *L'Aurore* du 15 janvier 1818, le met en vente[28]. Chauveau en fait un livre de chevet de Marichette dans *Charles Guérin*[29]; on le trouve sur les rayons de la bibliothèque de l'*Institut canadien* en 1852[30], et *Les Annales térésiennes* de 1880 le signalent à l'attention du lecteur[31], comme un livre fort connu.

Les deux romans de Lesage, *Gil Blas* et *Le Diable boiteux* ont aussi fait les délices de plusieurs lecteurs. Signalés dans *La Gazette de Québec* de 1811[32], nous les retrouvons en vente dans *Le Recueil littéraire* de 1889[33]; la bibliothèque de l'*Institut canadien* en possède plusieurs exemplaires[34], De Gaspé et Chauveau le signalent comme souvenir de lecture[35], Langelier, comme un auteur de prédilection[36], et un écrivain des *Annales térésiennes* écrit: « Aux jours de mon adolescence, je trouvais un grand plaisir à lire, dans nos recueils de littérature, les extraits du poème comique de Lesage, *Le Diable boiteux* »[37].

Les *Lettres persanes* de Montesquieu sont mises en vente d'abord en 1811[38], puis en 1829[39]. Elles ornent la bibliothèque de

26) *Nos grands hommes peints par eux-mêmes,* dans *La Petite Revue.* t. I, (1899), p. 295.

27) *Le Courrier de Québec*, II, 24 février 1808, p. 29.

28) *L'Aurore*, 15 janvier 1818.

29) Pierre J.-O. Chauveau, *Charles Guérin,* p. 136.

30) J.-B.-E. Dorion, *Institut canadien en 1852*, p. 113.

31) *Les Annales térésiennes*, t. I, (1880), p. 7.

32) *La Gazette de Québec*, 1811, citée par Laurence A. Bisson, *Le romantisme littéraire au Canada français*, p. 17.

33) *Le Recueil littéraire*, t. I (1889), p. 112.

34) J.-B.-E. Dorion, l'*Institut canadien en 1852*, p. 119.

35) Philippe Aubert de Gaspé, *Les Anciens Canadiens*, p. 6. Pierre-J.-O. Chauveau, *Charles Guérin* (Édition 1900), p. 82.

36) *Nos grands hommes peints par eux-mêmes*, dans *La Petite Revue*, t. I (1899), p. 295.

37) *Les Annales térésiennes*, t. I (1880), p. 7.

38) *La Gazette de Québec,* 1811, citée par Laurence A. Bisson, *Le Romantisme littéraire au Canada français,* p. 17.

39) *La Minerve*, 8 octobre 1829.

l'*Institut* en 1852[40]. En fait, dès 1814, elles avaient fait l'objet d'un article de Palissot dans *Le Spectateur*: « Ses *Lettres persanes* ne sont pas un ouvrage de pure plaisanterie [...]. M. de Montesquieu y traite souvent les objets les plus graves avec cette hardiesse et cette profondeur qui ont caractérisé depuis l'immortel ouvrage de l'*Esprit des lois* »[41]. Les a-t-on lues ? On ne sait trop. Ainsi en est-il de Diderot dont on recommande parfois les romans, mais que seul François Langelier affirme avoir lus[42].

Marcel Trudel a nettement établi l'influence de Voltaire au Canada: il remarque cependant que les romans de cet auteur n'ont pas connu la même vogue que ses autres ouvrages. Pour la période qui précède 1850, il note: « l'ouvrage le plus en vogue est *La Henriade* puis viennent les ouvrages dramatiques »[43], puis: « *Le Fantasque* reproduit dans un conte les procédés de *Micromégas*: pour une fois l'influence de Voltaire est amusante, il y a de quoi s'étonner sur la rareté du fait »[44]; et plus loin « d'une façon générale, on ne recourt plus aux idées littéraires de Voltaire »[45].

À part Eudore Évanturel[46] et Gonzalve Desaulniers[47], qui affirment s'être délectés à la lecture de *La Nouvelle Héloïse*, l'ouvrage est à peine signalé. Bernardin de Saint-Pierre, au contraire, en plus d'être mis en vente dans la plupart des librairies du siècle, a connu, au collège de Nicolet, les honneurs d'une traduction en latin de *Paul et Virginie* dont J.-B. Barthe reproduit des extraits dans *Le Populaire* de 1837[48]; ce roman fait partie de la bibliothèque de Marichette[49], et M. Bellay le recommande fortement

---

40) J.-B.-E. Dorion, l'*Institut canadien en 1852*, p. 115.

41) *Le Spectateur*, 22 novembre 1814.

42) *Nos grands hommes peints par eux-mêmes*, dans *La Petite Revue*, t. I (1899), p. 295.

43) Marcel Trudel, *L'Influence de Voltaire au Canada*, t. I, p. 54.

44) *Ibid.*, p. 215.

45) *Ibid.*, p. 219.

46) J.-O. Fontaine, *À propos d'un nouveau livre*, dans *La Revue canadienne*, t. XV (1878), p. 416.

47) *Nos grands hommes peints par eux-mêmes*, dans *La Petite Revue*, t. I (1899), p. 231.

48) *Le Populaire*, 13 septembre 1837.

49) Pierre-J.-O. Chauveau, *Charles Guérin*, p. 136.

parmi les romans «où la morale et la vertu sont exaltées[50]». *La Chaumière indienne* est aussi signalée.

Le roman *Corinne* de Mme de Staël a bien été mis en vente chez Fabre en 1852[51], mais il faudra attendre *Le Journal du dimanche* de 1884 pour en avoir une étude critique véritable, et encore cette étude est-elle signée d'un critique américain, Rollo Campbell[52].

Chateaubriand fut, jusqu'en 1850, un des auteurs les plus cités et sa gloire n'a pas connu d'éclipse tout au long du siècle. Nous avons déjà signalé la lettre élogieuse de l'abbé Painchaud, lettre qui date de 1826. De 1830 à 1850, de nombreux extraits des œuvres de Chateaubriand paraissent dans les journaux. Il faut aussi tenir compte des hommages, comme celui que *L'Abeille* du petit Séminaire de Québec adresse «à cet homme que les jeunes gens apprennent à aimer et à vénérer dès leur initiation aux études littéraires[53]», ainsi que des articles élogieux: celui de l'écrivain français Léon Gauthier que nous trouvons reproduit dans *L'Écho de la France* de 1865[54], du Canadien Joseph Desrosiers qui lui consacre un article très élaboré dans *La Revue canadienne* de 1882[55], ou d'un journaliste du *Monde illustré*, qui évoque «le prestige qu'il avait dans les collèges classiques vers les années 1848[56]». Et surtout il ne faut pas oublier l'influence évidente de son style sur beaucoup de nos écrivains, depuis Amédée Papineau qui, en 1837, décrivit l'héroïne de son conte *Caroline* dans des termes évoquant *Les Martyrs*: «C'est la Sylphide de Chateaubriand, c'est Malz, c'est Velléda»[57], jusqu'à Chauveau qui nous

---

50) Bellay, *Madame Craven et les bons romans français*, dans *La Revue canadienne*, troisième série, t. IV (1891), p. 335.

51) *Le Pays*, 1852, d'après Laurence A. Bisson, *Le Romantisme littéraire au Canada français*, p. 28.

52) Rollo Campbell, *Madame de Staël*, 1766-1817, dans *Le Journal du dimanche*, I (22 novembre 1884), p. 378

53) *L'Abeille*, 27 juillet 1848.

54) *L'Écho de la France*, t. VI (1867), pp. 126-136.

55) Joseph Desrosiers, *Chateaubriand et la renaissance chrétienne au XIX*e *siècle*, dans *La Revue canadienne*, nouvelle série, II (1882), p. 358 sq.

56) *Le Monde illustré*, 5 novembre 1898.

57) *Le répertoire national*, I (1848), p. 363, cité par David-M. Hayne, *Sur les traces du préromantisme canadien*, dans *Archives des Lettres canadiennes*, t. I, p. 147.

représente son jeune héros *Charles Guérin* lisant *Les Martyrs*[58], et Casgrain dont les *Légendes* rappellent la pompe et l'éclat de l'œuvre du grand écrivain. En 1899, le juge Tachereau et le docteur et romancier Ernest Choquette le comptent parmi leurs auteurs de prédilection[59]. Il va sans dire que ses romans s'étalent dans toutes les librairies: *Atala* et *René* sont offerts en 1835 dans *La Gazette de Québec*[60] et en 1854, *La Ruche littéraire* vend à 6 cents le volume, 150 exemplaires d'un «Chateaubriand illustré[61]».

Le Lamartine-poète a connu ici une gloire littéraire beaucoup plus éclatante que le romancier. Néanmoins, *L'Écho de la France* présente en feuilleton *Fior d'Aliza,* extrait de ses *Entretiens*[62] accompagné d'une critique intéressante du juge A.-B. Routhier reproduite dans *Causeries du dimanche*[63]. De plus, si Louis Franc se scandalise qu'une jeune fille lise *Graziella*[64], le critique de *La Revue canadienne*, M. Bellay, conseillera fortement cet ouvrage à ses lecteurs[65].

Plusieurs œuvres de Balzac furent diffusées au Canada très peu de temps après leur parution en France: *Le Père Goriot* parut en feuilleton dans *L'Ami du Peuple* du 29 août au 19 septembre 1835, soit l'année même de sa publication en France[66]. David Hayne note que «notre premier roman fournit la preuve que son auteur avait lu le chef-d'œuvre de Balzac»[67]. En effet, on y fait allusion à Vautrin et le nom de Trompe-la-mort apparaît en toutes lettres dans le texte. La librairie Mc Coy met en vente *Jano le Pâle* et plusieurs autres romans[68], *La Ruche littéraire* offre pour

58) Pierre-J.-O. Chauveau, *Charles Guérin*, p. 47.

59) *Nos grands hommes peints par eux-mêmes*, dans *La Petite Revue*, I (1899), pp. 204, 266.

60) *La Gazette de Québec*, 22 septembre 1835.

61) *La Ruche littéraire*, II (1854), p. 506.

62) *L'Écho de la France*, t. V, VI, VII (1866-1868).

63) Basile-A. Routhier, *Causeries du dimanche*, pp. 179-199.

64) Louis Franc, *Mauvais livres et mauvais feuilletons*, dans *La Revue canadienne*, troisième série, t. IV (1891), p. 195.

65) Bellay, *Madame Craven et les bons romans français*, dans *La Revue canadienne*, troisième série, IV, (1891), p. 334.

66) David-M. Hayne, *Sur les traces du préromantisme canadien,* dans *Archives des Lettres canadiennes*, I, p. 149.

67) *Loc. cit.*

68) *La Revue canadienne*, 17 décembre 1847.

sa part en 1854, 160 exemplaires des romans de *La Comédie humaine*[69] et, en 1852, l'*Institut canadien* possède les œuvres complètes de l'auteur[70]. On pourrait ajouter que le romancier Dick cite la *Physiologie du Mariage* dans sa chronique de *L'Opinion publique* intitulée *Les Flibustiers de Salon*[71] et que, en 1899, Balzac est l'auteur préféré de Benjamin Sulte et des juges Tachereau et Langelier[72]. Mais n'a-t-on pas à se surprendre que son nom revienne si rarement sous la plume des critiques au cours de la seconde moitié du siècle et qu'aucun romancier canadien ne se réclame de lui ?

De Stendhal, de Benjamin Constant, de Flaubert, de Gautier, on peut à peine noter, vers la fin du siècle, quelques indices permettant de ne les point passer sous silence.

George Sand a été plus connue. Dans les *Notes de l'auteur*, à la fin de son roman, Chauveau rappelle le souvenir de *La Petite Fadette* et de *François le Champi*[73] ; plusieurs de ses volumes sont offerts dans une vente à l'encan chez Mc Coy en 1846[74] ; L'*Album littéraire et musical de la Revue canadienne,* en 1846, et celui de *La Minerve*, en 1850, reproduisent chacun une nouvelle de la romancière, *Les trois Sœurs*[75].

Les romans de Victor Hugo ont fait l'objet de multiples commentaires. La critique plutôt sévère des *Derniers jours d'un condamné*, dans *La Minerve* de 1829[76], où l'auteur n'endosse guère le plaidoyer pour l'abolition de la peine de mort, fait connaître Hugo romancier au Canada, l'année même de la publication de son roman en France. Mais l'auteur conclut : « M. Hugo n'est romancier que par accident et fantaisie ; il est avant tout poète et grand poète[77] ». En 1837, *L'Influence d'un livre* évoque le

---

69) *La Ruche littéraire*, 1854, p. 506.

70) J.-B.-E. Dorion, l'*Institut canadien en 1852*, p. 120.

71) *L'Opinion publique*, 12 mars 1874.

72) *Nos grands hommes peints par eux-mêmes*, dans *La Petite Revue*, t. I, (1899), pp. 204, 295.

73) Pierre-J.-O. Chauveau, *Charles Guérin*, (Édition 1900), p. 378.

74) *La Revue canadienne*, 10 février 1846.

75) *Album littéraire et musical de la Revue canadienne*, janvier 1846. *Album de la Minerve*, novembre 1850.

76) *La Minerve*, 14 mai 1829.

77) *La Minerve*, 14 mai 1829.

souvenir de *Han d'Islande*[78] de même que *Charles Guérin* dont un des personnages dit: « Si le sang coule trop, je ferai comme Han d'Islande... je boirai le sang des hommes[79] ».

Edmond Lareau prétend que l'auteur des *Fiancés de 1812* fut un disciple et un admirateur de Victor Hugo et que Georges Boucher de Boucherville s'inspira de sa technique pour composer son roman, *Une de perdue, deux de trouvées*[80]. En 1859, *L'Écho du Cabinet de lecture paroissial* donne un extrait des *Misérables*[81] et, en 1895, *Le Réveil* publie quelques chapitres de *Claude Gueux*[82]. Mais Louis Veuillot attaque vigoureusement *Les Misérables* dans un long article que reproduit *L'Écho du Cabinet de lecture paroissial*, en 1862[83], et l'abbé Raymond s'inspire de cet article pour condamner à son tour le même roman[84]. Le Père Lacasse renchérit, en 1893, en proscrivant tout Hugo[85].

Arsène Lauzière prouve que Philippe Aubert de Gaspé, fils, a lu Mérimée.

> Des bouts de phrase l'attestent, dit-il. « L'Espagnol vindicatif » et son poignard, le « Corse sauvage » sa vendetta et sa carabine, l'impétueuse italienne qui porte un stylet à sa jarretière, voilà autant d'allusions aux œuvres du grand nouvelliste français[86].

En 1891, *Le Monde illustré* publiera *Carmen* en feuilleton[87] et, en 1895, ce sera au tour du *Réveil*[88].

---

78) Philippe Aubert de Gaspé fils, *Le Chercheur de trésor ou l'Influence d'un livre* (Ed. 1837), pp. 30, 59.
79) Pierre-J.-O. Chauveau, *Charles Guérin*, p. 193.
80) Edmond Lareau, *Histoire de la littérature canadienne-française*, p. 281.
81) *L'Écho du Cabinet de lecture paroissial,* 1er juin 1862.
82) *Le Réveil*, II, 22 juin 1895, p. 270.
83) *L'Écho du Cabinet de lecture paroissial*, 1er juin 1862.
84) J.-S. Raymond, *Discours sur l'importance des études classiques*, dans *Foyer canadien*, t. IV, p. 118 sq.
85) Zacharie Lacasse, *Dans le camp ennemi*, p. 118.
86) Arsène Lauzière, *Primevères du roman canadien-français*, dans *Culture*, XIX (1958), p. 251.
87) *Le Monde illustré*, 19 septembre 1891.
88) *Le Réveil*, II (13 avril 1895), p. 125.

Guy de Maupassant a été plutôt ignoré. *Canada-Revue* publie, en 1893, un article de Zola à sa mort[89] et *Le Réveil* reproduira, en 1899, une de ses nouvelles, *Le diable*[90].

Il en est de même pour Loti, que seul Ernest Choquette déclare avoir lu[91], et pour Anatole France, dont *Le Réveil* publie en plusieurs numéros *Les idées de l'abbé Lanteigne*[92].

Alphonse Daudet est, en revanche, fort connu. Benjamin Sulte, Ernest Choquette et le Père Louis Lalande aiment son œuvre[93], tandis que Joseph Desrosiers nous surprend par sa réticence. Il lui reconnaît « le métier de ciseleur habile et de peintre émérite. Mais il ne sait ni faire rire ni faire pleurer. Il émeut mais cette émotion est trop souvent pénible et malsaine[94] ».

Charles Savary semble être le premier qui, en 1890, a révélé Paul Bourget aux Canadiens français par la critique de *Le deuxième amour, L'Irréparable* et de *Madame Bressuire*, dans *Feuilles volantes*[95]. *Le Monde illustré* et *Le Recueil littéraire*, en 1891, lui consacrent des articles élogieux, ce dernier s'exprimant ainsi: « M. Paul Bourget a droit à toutes ces admirations et c'est pour nous un bien grand plaisir de pouvoir mêler la nôtre à celle de nos aînés de la mère-patrie [...]. Nous aurions aimé qu'un si habile psychologue du cœur humain fut venu au Canada; il aurait trouvé, ou trouverait chez nos canadiennes, des sujets dignes d'attention[96] ». Ce souhait devait être réalisé en 1893 à la grande déception de M. Bourget, si l'on en croit M. Séraphin Marion[97]. C'est que, si Montréal lui réserva un accueil chaleureux, Québec

---

89) Émile Zola, *Guy de Maupassant*, dans *Canada-Revue*, IV, 12 août 1893, p. 507.

90) *Le Réveil*, IX (7 janvier 1899), p. 234.

91) *Nos grands hommes peints par eux-mêmes*, dans *La Petite Revue*, t. I (1899), p. 266.

92) *Le Réveil*, II (6 avril 1895), p. 88 sq.

93) *Nos grands hommes peints par eux-mêmes*, dans *La Petite Revue*, t. I (1899), pp. 229, 266, 298.

94) Joseph Desrosiers, *Le roman au foyer chrétien*, dans *Le Canada français*, t. I (1888), p. 221.

95) Charles Savary, *Feuilles volantes*, pp. 105-128.

96) *Le Recueil littéraire*, t. II (1891), pp. 372-374.

97) Séraphin Marion, *Littérateurs et moralistes du Canada français d'autrefois*, pp. 167-177.

et Ottawa le reçurent avec froideur à la suite des articles de J.-P. Tardivel et de Benjamin Sulte qui avaient alerté l'opinion publique sur la moralité de quelques romans de l'écrivain. Mais cette visite au Canada fit connaître le romancier et quelques-unes de ses œuvres, quoique décriées, connurent une certaine vogue. En tout cas, en 1892, *L'Opinion publique* annonçait la vente de *Terre promise*, «le meilleur que l'auteur [...] ait écrit jusqu'ici»[99], *Le Réveil* offrait *Idylle tragique* et *Le Disciple*, en 1895[100], et publiait en feuilleton *Monsieur Legrinaudet*[101].

Les romans de Louis Veuillot ont connu, à partir de 1860, une grande popularité. Dès 1858, *L'Ordre* publiait en feuilleton *Çà et là*[102] et *La Semaine*, en 1864, une nouvelle, *La chambre nuptiale*[103]. On trouve *Corbin et d'Aubecourt* à la bibliothèque de l'*Institut canadien de Québec*, en 1875[104], et la réputation de ce dernier roman, de même que de *L'Honnête femme* et de *Pierre Saintive*, croît sans cesse grâce aux éloges de *L'Opinion publique*[105], de J. Desrosiers[106], du juge A.-B. Routhier[107] et d'un critique anonyme du *Monde Illustré*[108]. Les nombreux admirateurs de Veuillot au Canada ont dû, pour la plupart, lire ses romans.

Malgré le tapage fait autour de Zola, on peut douter de sa popularité auprès des lecteurs, d'abord parce que son nom seul devient synonyme d'immondice et de perversion auprès de la majorité des critiques et que l'unique courant qui lui soit favorable vient de l'équipe de *Canada-Revue*, équipe violemment dénoncée en haut lieu. *Le Canada artistique* publiera en feuilleton *L'Atta-*

---

98) *Le Coin du feu*, I (1893), pp. 44, 123.
99) *L'Opinion publique*, 23 décembre 1892.
100) *Le Réveil*, III (14 décembre 1895), p. 241.
101) *Le Réveil*, III (14 décembre 1895), p. 242.
102) *L'Ordre*, 23 novembre 1858.
103) *La Semaine*, t. I (1864), p. 39.
104) *Annuaire de l'Institut canadien de Québec*, 1875, p. 149.
105) *L'Opinion publique*, 27 février 1873.
106) Joseph Desrosiers, *Le roman au foyer chrétien*, dans *Le Canada français*, t. I (1888), p. 221.
107) Adolphe-Basile Routhier, *Causeries du dimanche*, pp. 157-158.
108) *Le Monde illustré*, 5 novembre 1898.

que du moulin[109], le *Canada-Revue, Lourdes*[110]. Dans ce même journal, Henri Roulland y va d'un article élogieux[112].

Cet inventaire nous permet de déceler à quoi se résumaient, touchant les meilleurs auteurs du roman français, les connaissances des Canadiens. Ces connaissances sont en somme plutôt pauvres; si ce bilan rend justice à la situation, on en conclut que les auteurs les plus lus auraient été Lesage, Bernardin de Saint-Pierre, Chateaubriand, Hugo, Daudet, Veuillot. On était mal renseigné sur le roman du XVIIIe siècle, ainsi que sur les romans les plus caractéristiques des périodes romantique et réaliste. Seule la période préromantique semble avoir exercé une influence avec Bernardin de Saint-Pierre, Chauteaubriand, Lamartine et, en partie, Hugo.

* * *

Les romanciers français plus populaires, ceux qu'on appelait alors des feuilletonistes, furent beaucoup plus en vogue que les maîtres dont nous venons de parler.

Jetons d'abord un coup d'œil sur la période qui précède l'année 1860. Y domine nettement Alexandre Dumas, dont la renommée dure tout au cours du siècle. La librairie Fabre, en 1845, met en vente *Le Siècle de Louis XIV*[113]. En 1848, la librairie Mc Coy annonce une quarantaine de ses romans[114]; en 1854, *La Ruche littéraire* en offre 400 à 6 sous l'exemplaire[115] et, en 1894, *Canada-Revue* offrira ses volumes aux lecteurs[116] et tentera, à la suite de *La Patrie*, de faire paraître en feuilletons *Les Trois Mousquetaires*[117]. L'*Institut canadien* possède, en 1852, *Georges*

109) *Le Canada artistique*, II (janvier 1891), p. 4.
110) *Canada-Revue*, V (1er juillet 1894), p. 284.
111) *Le Réveil*, III (15 février 1896), p. 378.
112) Henri Roulland, *Émile Zola*, dans *Le Réveil*, I (8 septembre 1894), p. 13.
113) *La Revue canadienne*, 24 mai 1845.
114) *La Revue canadienne*, 7 juillet 1848.
115) *La Ruche littéraire*, 1854, p. 506.
116) *Canada-Revue*, III (27 août 1892), p. 159.
117) *Ibid.*, III (5 novembre 1892), p. 312.

et *Le Comte de Monte-Cristo*[118]. Les journaux et les périodiques publieront des nouvelles ou des extraits de ses romans, notamment *Le Fantasque*[119], *Le Journal des Étudiants*[120], *Le Journal de Québec* en 1843[121], *La Minerve* en 1837[122], *La Revue canadienne* en 1846[123] et enfin *L'Album de la Minerve*, en 1851[124]. Alexandre Dumas sera un des auteurs préférés de Doutre[125], et du juge Henri Tachereau, de Benjamin Sulte et de François Langelier[126].

Eugène Sue rivalise avec lui, puis vers 1860, sa popularité déclinera graduellement. Des romans comme *Les Mystères de Paris, Le Juif errant, Arthur, La Vigie de Koat, Jean Cavalier*, etc. seront en vente dans les mêmes librairies, à la même époque, et reproduits en feuilleton dans les mêmes revues ou journaux. Dès 1845, *Le Journal de Québec* consacrera une suite d'articles sur *Le Juif errant*[127]. Joseph Doutre lui consacrera un éloge dithyrambique dans sa préface aux *Fiancés de 1812*[128] et d'après Placide Lépine, « la scène du serpent dans *Une de perdue, deux de trouvées* nous rappelle (...) certain chapitre des *Mystères de Paris*[129]. »

Alphonse Karr, Paul de Kock, Soulié, Eugène Scribe, Émile Souvestre, ce dernier conseillé encore en 1888 par Joseph Desrosiers[130], sont autant de romanciers que les libraires ne cessent de vendre de 1845 à 1860.

---

118) J.-B.-E. Dorion, l'*Institut canadien en 1852*, pp. 115-116.

119) *Le Fantasque*, 8 février 1845.

120) *Le Journal des Étudiants*, (15 janvier 1841).

121) *Le Journal de Québec*, mars 1843.

122) *La Minerve*, décembre 1836-janvier 1837.

123) *Le Revue canadienne*, 2 octobre 1846.

124) *L'Album de la Minerve*, avril 1851.

125) Arsène Lauzière, *Primevères du roman canadien-français*, dans *Culture*, XIX (1958), p. 253.

126) *Nos grands hommes peints par eux-mêmes*, dans *La Petite Revue*, t. I (1899), pp. 204, 209, 295.

127) *Le Journal de Québec*, 9, 11 janvier 1845.

128) Joseph Doutre, *Les Fiancés de 1812*, préface, p. X.

129) *L'Opinion publique*, 22 février 1872.

130) Joseph Desrosiers, *Le roman au foyer chrétien*, dans *Le Canada français*, I (1888), p. 212.

L'œuvre du vicomte Walsh sera publiée vers 1860, malgré les réticences de Crémazie[131]. En 1888, Desrosiers le proposera de nouveau à ses lecteurs[132].

Schmidt « sera lu à la course et jusqu'à deux par jour » par « un élève de la petite salle » du Séminaire de Québec et restera « gravé très bien dans sa tête »[133].

Outre Madame de Genlis dont il a été question, Marie Aicard, Madame Desbordes-Valmore, Alfred des Essarts, Mollé-Gentilhomme seront publiés en feuilleton dans les revues ou journaux de l'époque. N'allons pas oublier non plus deux romanciers français, Eraste d'Orsonnens et H.-E. Chevalier qui seront édités au pays et seront même le sujet de polémiques[134].

* * *

De 1860 à 1900, Raoul de Navery semble jouir d'une estime particulière. Tous ses romans sont en vente chez Payette et Bourgeault en 1879[135], la bibliothèque de *l'Institut canadien de Québec* en contient plus de trente[136], les principaux journaux de l'époque publient ses feuilletons. Aussi, *La Revue canadienne* de 1889 affirme-t-elle que « Raoul de Navery est sans contredit un des auteurs les plus populaires et les plus connus »[137].

Paul Féval est tout aussi populaire tandis que Madame Craven et Mlle Zénoïde Fleuriot, quoique citées avec éloge, connaissent une vogue moins continue. Jules Verne est aussi un auteur qui s'impose de plus en plus en tant que romancier et feuilletoniste et, cela, grâce à la critique élogieuse dont il est l'objet.

Outre ces romanciers bien cotés, d'autres, pour être moins

---

131) Octave Crémazie, *Oeuvres complètes*, p. 37.

132) Joseph Desrosiers, *Le roman au foyer chrétien*, dans *Le Canada français*, I (1888), p. 218.

133) *L'Abeille*, 15 mars 1853.

134) David M. Hayne, *Sur les traces du préromantisme canadien* dans *Archives des lettres canadiennes*, I, p. 154.

135) *Le Courrier de Montréal*, 13 novembre 1879.

136) *Annuaire de l'Institut canadien de Québec*, 1876, p. 177.

137) *La Revue canadienne*, troisième série, II (1889), p. 293.

en vogue, n'en sont pas moins fort bien vus de la critique et, semble-t-il, des lecteurs.

Au premier rang, les romanciers Erckman-Chatrian. *Le Journal de l'Instruction publique*, jusqu'en 1882, et *Le Petit Recueil littéraire,* à partir de 1888, se chargent de diffuser leurs feuilletons ou nouvelles, et dans *Le Recueil littéraire* de 1891 [138] Germain Beaulieu leur réserve un article très élogieux, de même que Charles Fuster dans *Le Monde illustré* de 1891 [139] ou Tavernier dans *Le Courrier du Canada* de 1899.

René Bazin est connu et apprécié du public canadien à partir de 1890. Joseph Desrosiers recommande chaudement *Ma tante Giron* et *Stéphanette* pour l'étude des caractères, des mœurs et la beauté des descriptions [140]. Puis *La Revue canadienne* publie par tranches *Les Nœllet*, en 1891 [141]. *Le Réveil* publie, en 1896, *L'une d'elles* [142], sans compter *La Minerve* ou *Le Courrier du Canada* qui, à partir de 1897, font assez souvent des recensions de ses romans. Le Père Louis Lalande l'apprécie particulièrement [143].

Alexandre De La Mothe avait une quinzaine de ses romans à la bibliothèque de l'*Institut de Québec*, en 1876 [144]; tous ses ouvrages étaient en vente chez Payette et Bourgeault en 1882 [145], quelques-uns, dès 1874, chez J.-B. Rolland [146], et Joseph Desrosiers le classait, en 1888, parmi les auteurs à recommander [147].

Georges Ohnet fut bien connu des lecteurs du *Canada artistique*, qui devint *Canada-Revue*, puis *Le Réveil*. Ces journaux publiaient ses feuilletons et recommandaient ses romans. Jules-Paul Tardivel s'est bien scandalisé de la parution du *Maître des*

138) *Le Recueil littéraire*, t. II (1891), p. 296.

139) *Le Monde illustré*, 16 mai 1891.

140) *Le Courrier du Canada*, 4 avril 1899.

141) *La Revue canadienne*, troisième série, IV (1891), pp. 108, 165, 228, 302, 368, 429, 490, 559.

142) *Le Réveil*, 22 février 1896.

143) *Nos grands hommes peints par eux-mêmes*, dans *La Petite Revue*, I (1889), p. 298.

144) *Annuaire de l'Institut canadien de Québec*, 1876, p. 180.

145) *Le Courrier de Montréal*, 1882.

146) *L'Opinion publique*, 19 février 1874.

147) Joseph Desrosiers, *Le Roman au foyer chrétien*, dans *Le Canada français*, I (1888), p. 212.

Forges dans *L'Événement*[148]; par contre Victor Du Bled, dans *Les Nouvelles soirées littéraires* de 1884, lui réservait un éloge peu commun: «Parmi les romans à succès, de bon aloi, je m'empresse de vous indiquer *Lise Fleuron* de Georges Ohnet, l'auteur très applaudi de *Serge Panine* et de ce *Maître des Forges* qui est en train de faire son tour d'Europe»[149]. Charles Savary dans *Feuilles volantes* fait aussi une étude de quatre de ses romans, *Serge Panine, Le Maître des Forges, La Comtesse Sarah* et *Lise Fleuron*[150].

Ponson du Terrail et Henri Conscience ont des lecteurs, dès 1850[151] et encore en 1890. Marmette, d'après le consul Lefaibvre[152] et Napoléon Legendre, d'après Faucher de St-Maurice[153], se seraient inspirés de Ponson du Terrail, tandis que Henri Conscience voyait quatre de ses romans recommandés par Joseph Desrosiers, toujours en quête de romans moraux[154].

Octave Feuillet et Pontmartin figurent sur les listes d'auteurs à conseiller que préparaient Du Bled, Bellay ou Desrosiers.

D'après Pamphile Le May, Richebourg aurait été trop connu au Canada! Après avoir nommé des romanciers français d'inspiration catholique, Le May écrit dans la préface du *Chien d'or*: «Parmi les lecteurs de feuilletons — au Canada — neuf sur dix préfèrent Richebourg à Féval, de Navery ou La Mothe. C'est la littérature malsaine qui fait la fortune de certaines feuilles dont rien autre chose ne saurait soutenir la popularité[155]».

Enfin Arsène Houssaye, Jules Janin, Xavier Montépin, Marmontel sont des noms assez familiers pour ceux qui, dans les journaux de l'époque, lisent les annonces publicitaires des librairies ou les critiques littéraires.

---

148) Jules-Paul Tardivel, *Mélanges*, t. III, p. 315.

149) Victor Du Bled, *Lettres de Paris*, dans *Nouvelles soirées littéraires*, t. III (1884), p. 300.

150) Charles Savary, *Feuilles volantes*, pp. 146-179.

151) *L'Album de la Minerve*, janvier-décembre 1850.

152) A. Lefaibvre, *Conférence sur la littérature canadienne*, p. 34.

153) H.E. Faucher de St-Maurice, *Choses et autres*, p. 137.

154) Joseph Desrosiers, *Le roman au foyer chrétien* dans *Le Canada français*, I (1888), p. 218.

155) Pamphile Le May, *Le Chien d'or*, préface, p. VII.

Un coup d'œil sur cette nomenclature nous permet d'en caractériser la portée brièvement: divertissement et utilité morale, tels sont les deux critères qui président au choix des romans. Des romanciers populaires qui distraient, mais dont les ouvrages n'enrichissent guère, ou des auteurs qui se servent du roman pour édifier ou donner des leçons morales, telle est la note dominante de la littérature romanesque en vente ici au cours du XIXe siècle.

* * *

Un troisième examen doit maintenant porter sur la littérature romanesque anglaise ou américaine.

Walter Scott est un nom qui éclipse tous les autres, et cela, tout au cours du siècle. David Hayne affirme qu'

> il faisait les délices de cette génération (1830-1860). Un long extrait de *L'Antiquaire* avait paru dans *L'Abeille canadienne* en 1818 et à partir de 1828, *La Minerve* régalait ses lecteurs de tous les détails de la vie de l'auteur de Waverley. Après la mort du romancier écossais, son culte grandit et *L'Ami du Peuple* et *Le Glaneur* se firent ses interprètes auprès des lecteurs canadiens. En 1837, de Gaspé fit allusion dans son roman au rusé «Dousterwivel» de Scott[156];

Casgrain prétend que l'auteur des *Anciens Canadiens* avait traduit et copié de sa main presque toutes les œuvres de Walter Scott qu'il lisait à haute voix le soir[157].

Après 1860, Walter Scott continue d'être en honneur. J.-M. Lemoine lui réserve une très longue étude dans *L'Opinion publique* durant les années 1872-1873, Marmette rappelle les lectures qu'il en a faites, dans la préface à *François de Bienville*[158]. Frédéric Houde traduit *Kenibworth* sous le titre de *Le Manoir mystérieux*[159]. Desrosiers le conseille en 1888, quoique avec restriction,

---

156) David M. Hayne, *Sur les traces du préromantisme canadien,* dans *Archives des lettres canadiennes,* I, p. 151.

157) Pierre-Georges Roy, *À travers les Anciens Canadiens de Ph.-Aubert de Gaspé*, p. 203.

158) Joseph Marmette, *François de Bienville,* (4e éd.), p. 17.

159) *Le Nouveau-Monde*, 20 octobre 1880.

«à cause de ses préjugés antipapistes, de sa déformation de l'histoire et de ses calomnies des institutions catholiques. Néanmoins il est de bon aloi, au dire de Louis Veuillot[160]». Jules-Paul Tardivel, les juges Tachereau et Langelier l'ont estimé[161].

Dickens suit Scott d'assez près dans l'estime populaire. En 1837, *L'Ami du Peuple* reproduit des extraits des *Pickwick Papers*[162]; une de ses nouvelles, *Le Voile noir*, est publiée en 1845[163]; une étude sur Dickens paraît dans *La Ruche littéraire* de 1853[164]; on retrouve 12 de ses romans à la bibliothèque de l'*Institut canadien de Québec*, en 1875[165]; *L'Opinion publique* lui consacre en 1870, un article nécrologique, illustré d'un grand portrait en première page[166], J.-P. Tardivel et les juges Tachereau et Langelier aiment son œuvre[167].

Une surprise nous attendait au cours de nos recherches: l'œuvre de Fenimore Cooper fut certainement connue au Canada, mais les documents qui l'attestent, sont rares. Nous n'avons relevé que deux articles, dont l'un, dans *La Revue canadienne* de 1845[168], et l'autre, dans *L'Album littéraire* de la même revue en 1847[169], plus un exemplaire à l'*Institut canadien de Québec*[170]. Heureusement, le témoignage de Marmette comble cette lacune: «Que de fois, n'ai-je pas, à la barbe du maître d'étude, battu les prairies et les forêts avec Bas-de-cuir, le héros favori de Cooper[171]». Il en est de même pour l'auteur de *Robinson Crusoé* que Jean Rivard lisait «pour consoler ses heures de loisir et d'ennui[172]»

---

160) Joseph Desrosiers, *Le roman au foyer chrétien,* dans *Le Canada français*, I (1888), p. 211.

161) *Nos grands hommes peints par eux-mêmes*, dans *La Petite Revue*, I (1899), pp. 204, 249, 295.

162) *L'Ami du Peuple*, 28 octobre 1837.

163) *La Revue canadienne*, 31 octobre 1845.

164) *La Ruche littéraire*, 1854, pp. 20-22.

165) *Annuaire de l'Institut canadien de Québec*, 1875, p. 154.

166) *L'Opinion publique*, 23 juin 1870.

167) *Nos grands hommes peints par eux-mêmes*, dans *La Petite Revue*, t. I (1899), pp. 204, 249, 295.

168) *La Revue canadienne*, 15 février 1845.

169) *L'Album littéraire et musical de La Revue canadienne*, 1847, p. 215.

170) *Annuaire de l'Institut canadien de Québec*, 1874, p. 11.

171) Joseph Marmette, *François de Bienville*, (4e éd.), p. 17.

172) Antoine Gérin-Lajoie, *Jean Rivard le défricheur*, (Ed. 1913), p. 41.

mais que l'on ne mentionne guère ailleurs. Enfin, Harriet Beecher-Stowe, dont le roman, *La Case de l'oncle Tom*, a été, d'après le manuel d'histoire du Canada de Farley et Lamarche, «traduit et répandu dans la province de Québec[173]», fut de fait édité, en 1853, par *La Ruche littéraire*[174], mais, du moins d'après nos recherches, nul autre journal ou revue ne le mentionne.

Ces lacunes ne prouvent pas nécessairement le manque d'information des Canadiens au sujet de ces auteurs, puisque l'ouvrage du cardinal Wiseman, *Fabiola*, si chaudement recommandé par l'abbé Raymond[175], par H.-R. Casgrain[176], par Joseph Desrosiers[177] n'est mis en vente, d'après les journaux ou revues consultés, que par *La Vérité* en 1884[178]. On n'en trouve pas de traces, plus tôt, dans les librairies ou les bibliothèques, et pourtant la popularité de ce roman ne fait aucun doute.

Madame Leprohon parut fort sympathique pour le sujet canadien de ses romans. *Antoinette de Mirecourt* fut particulièrement en vogue de même que *Le Manoir de Villerai* et *Ida Bedesfort ou la jeune fille du Grand Monde* traduit par E.-L. de Bellefeuille[179].

Hoffman, Poe, Tackeray et même Lew obtinrent une mention dans les revues. Enfin que de nouvelles, récits ou feuilletons paraissent dans les journaux sans nom d'auteur avec la note «traduit de l'anglais» !

Les romans italiens ne furent pas non plus ignorés. Deux noms dominent: Manzoni et Bresciani. Du premier, le roman *Les Fiancés*, si fortement recommandé par l'abbé Raymond[180] et par

---

173) Paul-Émile Farley et Gustave Lamarche, *Histoire du Canada*, p. 353.

174) *La Ruche littéraire*, 1853, p. 45.

175) J.S. Raymond, *Discours sur l'importance des études classiques*, dans *Foyer canadien*, tome IV, p. 153.

176) Henri-Raymond Casgrain, Préface à *Angéline de Montbrun*, p. 9.

177) Joseph Desrosiers, *Le roman au foyer chrétien*, dans *Le Canada français*, I (1888), p. 217.

178) *La Vérité*, 16 août 1884.

179) *L'Ordre*, janvier, juin 1861.

180) J.S. Raymond, *Discours sur l'importance des études classiques*, dans *Foyer canadien*, t. IV, p. 153.

Desrosiers[181], est aussi en estime auprès de Casgrain et de Tardivel. L'*Institut canadien de Québec* en possède plusieurs exemplaires[182] et Beauchemin et Valois l'offrent en vente, en 1879. Le Père Bresciani a reçu beaucoup de publicité dans *L'Écho du Cabinet de lecture paroissial*. On y a vanté *Le Juif de Vérone, Oldéric ou le zouave pontifical*[183], et J.-B. Rolland exposait en vitrine tous ses romans en 1865[184].

On ne peut, non plus, passer sous silence les littératures espagnole et russe: *Don Quichotte* mis en vente, dès 1828[185], et mentionné dans *Jean Rivard*[186] et *Charles Guérin*[187]. Tolstoï n'est pas un inconnu: *Le Monde illustré* s'est chargé de le présenter au public, en 1890[188], et *Le Courrier du Canada* reproduisit une étude fouillée d'Eugène Tavernier à son sujet[189].

Telle est donc la matière sur laquelle devra s'exercer la critique canadienne. Cette liste n'est pas exhaustive, du moins permet-elle de déceler les goûts et de découvrir les courants de pensée qui ont contribué à former l'opinion canadienne. Sans crainte du paradoxe, il faut bien remarquer que cette liste, de prime abord imposante, met plutôt en évidence le petit nombre d'ouvrages importants de la littérature romanesque mis à la disposition des Canadiens. Le seul fait de croire à la possibilité d'un inventaire complet ne l'atteste-t-il pas suffisamment? Et il suffit de feuilleter les journaux et revues de l'époque pour déplorer la rareté de leurs pages littéraires et découvrir qu'en général les lecteurs s'intéressaient peu à la littérature[190].

---

181) *Ibid.*

182) *Annuaire de l'Institut canadien de Québec*, 1874, p. 54.

183) *L'Écho du Cabinet de lecture paroissial*, 3 février 1862.

184) *La Minerve*, février 1865.

185) *Ibid.*, 20 mars 1828.

186) Antoine Gérin-Lajoie, *Jean Rivard le défricheur* (Ed. 1913), p. 41.

187) Pierre J.O. Chauveau, *Charles Guérin*, (Ed. 1900), p. 127.

188) *Le Monde illustré*, 15 mars 1890.

189) *Le Courrier du Canada*, 6 octobre 1898.

190) Des études fort bien documentées ont déjà dressé un inventaire de la production romanesque canadienne. Aussi nous y sommes-nous référé.

III

Notre recherche exige aussi un relevé des critiques canadiens du siècle dernier.

À vrai dire, les études d'envergure sont inexistantes. Des articles de revues, écrits, pour la plupart, par des amateurs, constituent l'unique source d'information.

Le premier article fouillé sur le genre romanesque remonte à 1884. J.-J. Beauchamp écrit dans *La Revue canadienne* un texte de 20 pages, où il développe ses *Esquisses historiques sur le roman*[191]. Il en définit le genre, en fait l'historique, et passe en revue les Orientaux, les Grecs, les Romains, le Moyen Âge et les temps modernes.

Joseph Desrosiers a eu en prédilection la critique romanesque. On lui doit plusieurs articles dont deux lui font honneur. Le premier, écrit dans *Le Canada français* en 1888, a pour titre *Le roman au foyer chrétien*[192]. L'auteur se fait l'avocat du roman contre ceux qui le pourchassent sans distinction, et il recourt aux grands noms de l'époque, comme Léon Gauthier ou Louis Veuillot, pour en faire valoir le mérite et dresse une liste de bons romans à l'appui de sa thèse. L'autre, dans *La Revue canadienne*, s'intitule *Naturalisme et Réalisme*[193]. C'est une étude d'une quinzaine de pages sur le roman en France au XIXe siècle. Antérieurement, en 1878, Joseph Desrosiers, avait fait une recension de deux romans de Paul Féval, *La Louve* et *Valentine de Rohan*[194], avait écrit, la même année, une critique de *Picounoc le Maudit*, de Pamphile Le May[195], rédigé une étude sur Chateaubriand, en

---

191) J.-J. Beauchamp, *Esquisses historiques sur le roman* dans *La Revue canadienne*, nouvelle série, IV (1884), pp. 310-313, 337-344, 401-409.

192) Joseph Desrosiers, *Le roman au foyer chrétien*, dans *Le Canada français*, I (1888), pp. 208-227.

193) Joseph Desrosiers, *Naturalisme et Réalisme*, dans *La Revue canadienne*, troisième série. I (1888), pp. 40-45 et 88-94, 166-172, 232-237.

194) Joseph Desrosiers, *Revue bibliographique*, *ibid.*, t. IX, 1878, p. 724.

195) Joseph Desrosiers, *Picounoc le Maudit, par Pamphile Le May*, *ibid.* p. 480-484.

1882[196], et sur Pierre Corneille, en 1885[197]. Enfin, il reviendra au roman, en 1893, avec un article intitulé *L'Exploitation du crime*[198].

Henri Noiseux s'inquiète, pour sa part, de *L'Action malsaine du roman*, dans *La Revue canadienne*[199] qui a moins d'envergure et moins de poids que l'article de J. Desrosiers.

Napoléon Legendre, en 1888, envisage le roman sous un aspect plus restreint. L'auteur consacre au Réalisme une quinzaine de pages du *Canada français*[200]. Deux ans plus tard, il reprend son article comme sujet d'une conférence à la Société Royale du Canada en 1890; cette fois, sous le titre: *Réalistes et décadents*[201]. Il étudie surtout les implications morales de cette école française.

Les autres critiques du Canada n'ont guère touché qu'à des auteurs particuliers, mais de leurs études se dégage une conception implicite du genre romanesque. Dès 1844, Joseph Doutre, dans sa préface aux *Fiancés de 1812*, s'est efforcé de prendre la défense du roman en faisant voir le parti qu'Eugène Sue en avait tiré[202], J.-M. Lemoyne, en 1862, publie une étude biographique sur Walter Scott[203] qu'il reproduit en 1872-1873 dans les colonnes de *L'Opinion publique*[204], et Faucher de St-Maurice a fustigé le roman moderne, en 1866, dans une conférence sur *L'Homme de*

---

196) Joseph Desrosiers, *Chateaubriand, ibid.*, nouvelle série, t. II (1882), p. 358 sq.

197) Joseph Desrosiers, *Pierre Corneille, ibid.*, nouvelle série, t. V (1885), p. 160 sq.

198) Joseph Desrosiers, *L'Exploitation du crime, ibid.*, troisième série, t. V (1893), pp. 585-590.

199) Henri Noiseux, *L'Action malsaine du roman, ibid.*, troisème série, t. II (1889), pp. 63-69.

200) Napoléon Legendre, *Le réalisme en littérature*, dans *Le Canada français*, I (1888), pp. 143-155.

201) Napoléon Legendre, *Réalistes et décadents*, dans *Mémoires de la Société royale du Canada,* t. VIII, sect. I (1890), pp. 3-12.

202) Joseph Doutre, *Les Fiancés de 1812*, préface, p. X sq.

203) James M. Lemoine, *Étude sur Walter Scott comme poète, romancier, historien*, Montréal, 1862.

204) *L'Opinion publique*, 1872-1873.

lettres et sa mission[205]; mais ces études ne donnent de l'opinion de ces écrivains sur le roman que des vues partielles.

En faisant porter sa critique sur des auteurs particuliers, le juge A.-B. Routhier, dès 1871, ne nous livre pas moins des réflexions fort judicieuses sur le roman. Dans *Causeries du dimanche*, il entame une longue étude de *François de Bienville*, de Marmette, par une introduction très révélatrice de sa conception du roman[206]. Il consacre également 20 pages à *Fior d'Aliza,* de Lamartine, et accorde une place de premier choix aux romans de Louis Veuillot[207]. Dans *Portraits et Pastels littéraires*, en 1873, sous le pseudonyme de Jean Piquefort, il se montre très sévère pour *L'Intendant Bigot* de Marmette[208].

J.-O. Fontaine aussi introduit ses critiques sur Marmette par des réflexions sur le roman[209]. Edmond Lareau nous livrera sa conception du roman dans le chapitre « Romanciers et Nouvellistes » de son *Histoire de la littérature canadienne*[210], et, Samarys, un critique qui nous est inconnu, écrit un article en apparence anodin dans *L'Opinion publique*[211], qui nous éclaire fort judicieusement sur la condition faite au roman à l'époque. On tirera enfin dc Benjamin Sulte quelques idées sur le roman historique dans sa critique de *François de Bienville*[212].

Jules-Paul Tardivel a souvent alerté l'opinion publique sur la moralité des romans; il a fait une longue critique de *Charles Guérin*[213], de *Picounoc le Maudit*[214], et il a lui-même écrit un roman,

---

205) H.E. Faucher de St-Maurice, *L'homme de lettres, sa mission dans la société moderne*, dans *La Revue canadienne*, V (1868), pp. 437-451.

206) Adolphe-Basile Routhier, *Causeries du dimanche*, pp. 249-270.

207) *Ibid.*, pp. 179-199, 155-159.

208) Jean Piquefort (pseudo Adolphe-Basile Routhier). *Portraits et Pastels littéraires*, deuxième livraison, pp. 30-48.

209) J.-O. Fontaine, *M. Marmette, l'Intendant Bigot*, dans *La Revue canadienne*, XIV (1877), pp. 659-667.

210) Edmond Lareau, *Histoire de la littérature canadienne*, pp. 270-335.

211) *L'Opinion publique*, 26 juin 1879.

212) Benjamin Sulte, *Bibliographie*, dans *La Revue canadienne*, VII (1870), pp. 777-783.

213) Jules-Paul Tardivel, *Mélanges*, première série, t. II, pp. 301-307.

214) Jules-Paul Tardivel, *Mélanges*, première série, t. I, pp. 219-233.

Pour la Patrie. De la préface de ce roman[215] et des études consacrées à P. Le May et à P.-J.-O. Chauveau se dégagent des réflexions très personnelles sur la conception et les qualités du roman.

De même Thomas Chapais, dans *Le Courrier du Canada*, s'est surtout préoccupé de la valeur morale des romans étrangers. Du moins ses multiples interventions témoignent-elles de son imposante érudition; de plus, une conférence magistrale intitulée *Classiques et romantiques*[216] en 1882, une autre sur Brunetière, intitulée *Sur les Chemins de la croyance* en 1900[217], attestent de sa compétence littéraire.

Des critiques de H.-R. Casgrain et de celles de J.-M. Darveau, ne se dégagent que des aperçus généraux sur le roman. En dernier lieu, Parent, Crémazie, l'abbé Raymond, le Père Lacasse et bien d'autres, se sont permis eux aussi de courts mais pertinents commentaires sur le sujet.

On le constate, cette recherche ne prête guère au système, à un ensemble cohérent de pensée. Du moins peut-on mettre en relief les éléments dominants d'un état de fait qui n'évoluera guère au cours de la période qui nous concerne.

Pour compléter cet inventaire, on peut se poser quelques questions: Quelles étaient les sources de la critique canadienne? Connaissait-on les critiques français? A-t-on subi leur influence?

Il serait certes illusoire de prétendre établir une influence directe des critiques français sur les écrivains qui dirigent l'opinion canadienne à l'égard du roman. Tout au plus, peut-on dire de La Harpe que «Gérin-Lajoie avait lu tout d'une haleine son *Cours de littérature*[218]» et que J.-J. Beauchamp et P.-V. Charland[219] s'y réfèrent pour leurs travaux; de Sainte-Beuve, que «Crémazie s'en

---

215) Jules-Paul Tardivel, *Pour la Patrie*, préface, pp. 5-8.

216) Thomas Chapais, *Classiques et romantiques*, dans *La Revue canadienne*, nouvelle série, II (1882), p. 37 sq.

217) Université Laval, *Conférences*, 1900-1901, p. 315 sq.

218) Casgrain, *Oeuvres complètes*, t. II (1896), p. 443.

219) J.-J. Beauchamp, *Esquisses historiques du roman*, dans *La Revue canadienne*, nouvelle série, IV (1884), pp. 310-313, 337-344, 401-409.
P.-V. Charland, *Questions d'histoire littéraire*, p. 410.

délectait vers 1860[220] » ; de Louis Veuillot, de Léon Gauthier, de Faguet, de Lemaître, de Godefroy, de Nettement, que Joseph Desrosiers les cite dans ses articles. On pourrait ajouter que Routhier a beaucoup d'admiration pour les opinions littéraires de Louis Veuillot, et Chapais, une solide connaissance de Lemaître et de Brunetière.

Est-il à propos de faire une mention spéciale pour Charles Fuster, qui jouissait d'un haut prestige auprès du groupe du *Glaneur*, de Lévis, vers 1890 ? Dès 1886, Victor Du Bled dans les *Nouvelles Soirées littéraires* avait signalé d'importantes études littéraires de Charles Fuster publiées dans *La Revue littéraire et artistique*, de Bordeaux[221], puis avait conseillé les *Essais de critique* du même auteur[222]. Devenu directeur du *Semeur*, à Paris, Fuster avait reçu un éloge sans réserve du *Glaneur*, revue fondée par Pierre-Georges Roy et un groupe de jeunes qui désiraient exprimer leur point de vue. À trois ou quatre reprises, la revue signale son influence bienfaisante pour conclure : « parmi les nombreuses revues [...] c'est *Le Semeur* qu'il a choisi pour son modèle et son chef de file. Ce modèle si digne, c'est de bien loin qu'il le suivra sans doute mais en l'admirant, en le copiant même parfois pour maintenir des relations de plus en plus intimes[223] ». Enfin le *Un amour de Jacques* de Charles Fuster, reçut ici une large publicité.

Signalons que les ouvrages de Pontmartin, de Villemain, avant 1860, de Lefranc, de Legouvé, de Lanson, de Doumic, à partir de 1875, figurent dans l'inventaire des bibliothèques, que le livre du Père Cornut, *Les Malfaiteurs littéraires* et celui de Verniolles, *La lecture ou le choix des livres* font souvent autorité auprès des critiques.

Ces renseignements sur les connaissances des Canadiens français en matière de roman nous ont paru indispensables pour mieux juger leur attitude à l'égard de ce genre littéraire. Ils nous

---

220) Octave Crémazie, *Oeuvres complètes*, (1896), p. 10.

221) Victor Du Bled, *Lettre de Paris*, dans *Nouvelles soirées littéraires*, V (1886), p. 172.

222) Victor Du Bled, *Lettre de Paris*, dans *Nouvelles soirées littéraires*, V (1886), p. 497.

223) *Le Glaneur*, t. I (1891), p. 31.

aideront à respecter la grande règle du relativisme historique qui nous invite à tenir compte des conditions sociales du milieu et à nous méfier de la tendance bien naturelle de l'esprit à juger du passé selon les critères actuels.

Chapitre 2

Le roman : une question d'éthique ou d'esthétique ?

Le roman: une question d'éthique ou d'esthétique?

« Le roman n'est pas miroir, mais levain. »

De toutes les opinions émises sur le roman au cours du XIXe siècle, essayons de dégager le principe qui les inspire et les explique. Pour peu qu'on compile les documents de l'époque et qu'on s'interroge sur les raisons qui motivent les critiques, il apparaît qu'on cherche à justifier le roman en lui attribuant une fin, ou en sondant les intentions de l'auteur. Le but assigné au roman, voilà le premier critère de tout jugement critique, le principe fondamental sous-jacent à toute esthétique du roman. Et qu'est-il ce but? Le romancier ne mérite considération que s'il se propose d'élever l'âme, d'ennoblir le cœur. Son œuvre doit être morale, doit fournir des modèles de vertus, doit enseigner un art de vivre. Tels sont les titres qui l'élèvent à la dignité d'œuvre littéraire; autrement, ce n'est qu'un divertissement pour les esprits légers.

La première étude canadienne du roman qui soit de quelque envergure, celle d'Edmond Lareau, écrite en 1874, est explicite à ce sujet: « On ferait [...] une erreur grave si on pensait que le roman ne doit être qu'un récit d'aventures diverses imaginées seulement pour amuser ». Puis, il fait sienne cette pensée de Huet, évêque d'Arranches:

> Le divertissement que le romancier habile semble se proposer pour but n'est qu'une fin subordonnée à la princi-

> pale, qui doit être l'instruction de l'esprit ou la correction des mœurs. Aussi censurer le ridicule et les vices, montrer les tristes effets des passions désordonnées, s'efforcer toujours d'inspirer l'amour de la vertu [...] tel est le principal devoir du romancier [...]. Le romancier doit toujours présenter la vertu sous des couleurs favorables et attrayantes, la faire respecter, la faire aimer dans le sein même des plus affreux malheurs et des plus grandes disgrâces; il doit peindre le vice sous les couleurs les plus noires et les plus propres à nous inspirer l'horreur qu'il mérite[1].

Conséquemment, Edmond Lareau reprochera à Pierre-J.-O. Chauveau de n'avoir point mis assez en relief le but de son roman *Charles Guérin:* «Je ne découvre dans cette composition, aucun but philosophique, aucune idée grande, aucun système; il n'y a qu'une exposition de faits fort simples, plus ou moins brillamment costumés, mais le romancier s'est soustrait à cette mission qui fait de lui un autre moraliste[2]».

Cependant les critiques n'ont pas attendu Edmond Lareau pour exiger du roman des leçons morales.

Dès 1817, Ludger Duvernay, dans *La Gazette des Trois-Rivières*, tolère le genre, puisque «les romans sont peut-être la dernière instruction qu'il reste à donner à un peuple, assez corrompu pour que toute autre lui soit inutile», mais du moins réclame-t-il «que la composition de ces sortes de livres ne fût permise qu'à des gens honnêtes, mais sensibles, dont le cœur se peignît dans les écrits; et à des auteurs [...] qui leur fissent aimer [la vertu] en la peignant d'abord moins austère et puis du seing [sic] du vice les y eussent conduits insensiblement[3]».

Beaucoup plus réceptif que son devancier à l'endroit du roman, un critique du *Ménestrel*, en 1844, voit dans ce genre littéraire un moyen

---

1) Edmond Lareau, *Histoire de la littérature canadienne*, pp. 273-274.

2) *Ibid.*, p.285.

3) Ludger Duvernay, *Sur les romans*, dans *La Gazette des Trois-Rivières*, 14 octobre 1817.

> d'insinuer dans le cœur, des préceptes de morale dont la sévérité disparaît sous le prisme de la poésie [...]. Le feuilletoniste [c'est-à-dire le romancier] et l'austère moraliste tendent au même but par des voies diverses; mais le premier y parvient plus sûrement et plus tôt, car en se mettant lui-même en scène, en mêlant à son récit les réflexions qui en naissent naturellement [...] il éveille la curiosité, amuse l'imagination, intéresse le cœur et fait goûter la vérité sous l'amorce du plaisir[4].

Pour sa part, en 1858, Joseph Royer regrette de voir plusieurs journaux publier, «à chaque numéro des romans de toute espèce qui ne peuvent certainement rien pour éclairer l'esprit mais qui le plus souvent ne sont propres qu'à fausser les idées. C'est se conduire d'une manière aveugle, au lieu de s'attacher comme on devrait le faire à ne publier que des choses utiles ou relatives à l'histoire du pays[5]».

À la même époque, certains critiques, pour mieux faire saisir au lecteur le but moral du roman, suggéreront à l'auteur des modifications à la trame du récit. E.-L. de Bellefeuille, par exemple, termine ainsi sa critique d'*Antoinette de Mirecourt*, de Madame Leprohon, où l'héroïne épousait successivement deux officiers anglais:

> Je pense bien que l'auteur n'a pas voulu la proposer en cela comme un modèle à nos jeunes Canadiennes. Mais la peinture d'un bonheur fictif peut quelquefois vivement séduire un jeune cœur nourri d'idéal, loin de la trompeuse réalité.
>
> Une morale qui m'aurait beaucoup plu [...] c'est celle qui aurait résulté d'une peinture expressive de l'infortune, du malheur [...] accompagnant toujours les deux unions d'Antoinette de Mirecourt. La première, il est vrai, nous est dépeinte comme excessivement triste; c'est la punition juste d'un mariage secret fait malgré le vœu des parents et des lois de l'église. Mais il nous est dit que

4) *Le Ménestrel*, 20 juin 1844.
5) Joseph Royer, dans *L'Ordre*, 3 décembre 1858.

> le second fut marqué de toutes sortes de bonheur et de félicités. Il est vrai que le colonel Evelyn, le second mari d'Antoinette était catholique; c'est quelque chose mais ce n'est pas tout ce que je désire voir dans l'époux d'une de mes jeunes compatriotes; il n'était pas Canadien[6].

Enfin *L'Opinion publique*, en 1873, se déclare «de ceux qui croient qu'on ne doit pas faire de romans, si on ne peut les faire bons et moraux[7]».

Après 1875, les études sur le roman sont plus élaborées et, à la suite d'Edmond Lareau, on sera encore plus explicite dans la formulation de la théorie. À première vue, la chose pourrait surprendre, car avec l'importation du roman naturaliste français, on assiste à l'évolution du genre vers la peinture de la vie humaine non pas telle qu'elle devrait être mais telle qu'elle est. Loin de se laisser gagner à cette orientation nouvelle, on s'inscrit en faux et l'on sent le besoin d'affirmer d'une façon encore plus catégorique la théorie traditionnelle.

Dans ses *Esquisses historiques sur le roman* qui datent de 1884, J.-J. Beauchamp, après s'être indigné de ce que le roman soit «descendu de nos jours jusqu'au plus bas étage de la société» et qu'on ait «peint les tableaux les plus dégoûtants pour mieux arriver à corrompre ceux qui déjà formaient la lie du peuple,» déclare qu'«heureusement [...] de bons romanciers [...] s'efforcent à ramener le roman sur son véritable terrain et en faire ce qu'il doit être: l'auxiliaire de la sensibilité, de la vertu, de la religion dans toutes les classes de la société[8]».

Joseph Desrosiers, en 1888, soucieux de lutter contre le mauvais livre en fournissant au lecteur un choix de bons romans, prétend aussi que «le roman, pour être acceptable, doit porter à la connaissance de la vérité, à l'amour du beau et du bien et en

---

6) E.-L. de Bellefeuille, *Bibliographie*, dans *La Revue canadienne*, I (1864), p.444.

7) *L'Opinion publique*, 19 juin 1873.

8) J.-J. Beauchamp, *Esquisses historiques sur le Roman*, dans *La Revue canadienne*, nouvelle série, IV (1884), p. 409.

même temps réunir toutes les qualités d'une œuvre artistique[9] ».

Jules Saint-Elme, en 1892, craint l'influence néfaste au pays de l'École naturaliste et rappelle les principes fondamentaux qui doivent régir toute saine littérature:

> Combien n'en compte pas la France littéraire du jour de ces poseurs à l'art, écrivant pour distraire le public sans le soulager, pour le gâter plutôt que pour l'amender, écrivant pour se faire un piédestal de gloire, écrivant pour se faire un piédestal d'argent. Et notre littérature naissante, après avoir été d'abord ce qu'elle devait être: une école de morale, a emboîté le pas, conduite par quelques téméraires pour devenir, ici et là, une usine de fatuités sans but, d'extravagances fin-siècle. Les Don Quichotte de là-bas ont trouvé dans nos rangs quelques Sancho Pança[10].

Enfin Charles Valeur affirme péremptoirement en 1890: « Le seul but que doit avoir un auteur c'est d'édifier son lecteur. Hors de là, il est blâmable, car la fin ne justifie pas les moyens[11] ». C'est pourquoi Albert Thomas publiera *Albert ou l'Orphelin catholique* et, plus tard, *Gustave ou un héros canadien*, des romans d'apologétique chrétienne, croyant ainsi « combler une lacune et rendre service à la cause catholique en présentant sous forme de roman les questions de controverse qui surgissent le plus ordinairement et qui peuvent offrir quelque danger pour la foi[12] ».

Édifier, enseigner la vertu, former aux bonnes mœurs, tel est donc, selon l'opinion canadienne-française, l'objectif de tout romancier digne de ce nom. À cet idéal moral s'en ajoute un autre, aussi noble, à peine différent, et accepté sans doute par l'ensemble des critiques du XIXe siècle, mais clairement exprimé uniquement par quelques écrivains d'avant 1860: le but social ou politique. Seuls, Joseph Doutre, L.-O. Letourneux, Pierre-J.-O.

---

9) Joseph Desrosiers, *Le roman au foyer chrétien*, dans *Le Canada français*, I (1888), p. 227.

10) Jules Saint-Elme (pseudo), *Être écrivain*, dans *Le Glaneur*. II (1892), p. 176.

11) Charles Valeur, *Victor Hugo et ses oeuvres*, dans *La Revue canadienne*, troisième série, III (1890), p. 201.

12) Alphonse Thomas, *Gustave ou Un héros canadien*, préface, p. 3.

Chauveau et H.-E. Chevalier le recherchent expressément. Mais, s'ils sont les seuls à s'expliquer là-dessus, on peut présumer que les écrivains postérieurs, loin de rejeter cet objectif, le considèrent comme impliqué dans l'idéal moral qu'ils préconisent.

Il reste que c'est au nom de ce seul idéal social que Joseph Doutre se répand en éloges dithyrambiques sur *Les Mystères de Paris* d'Eugène Sue, dans sa préface aux *Fiancés de 1812*.

> Nous défions aucun homme public de produire autant de bien que l'a fait Eugène Sue par son admirable roman.
>
> La régénération qu'il a opéré [sic] dans le secret des cœurs ne pourrait se démontrer par des paroles. Mais allons à son but principal: la répression d'un grand nombre d'abus, le dévoilement des vices de l'organisation sociale, le défaut d'institutions publiques pour l'encouragement de la vertu [...].
>
> L'incomparable Romancier peut aujourd'hui se reposer sur ses brillants lauriers [...]. De grandes améliorations ont eu lieu depuis la publication des *Mystères de Paris*. La classe pauvre a reçu une protection éminente; des institutions publiques ont propagé les œuvres de charité; le système légal a aussi subi d'heureux changements [13].

C'est aussi l'objectif poursuivi par P.-J.-O. Chauveau qui déclare dans ses « Notes de l'auteur » de *Charles Guérin* que:

> Il a aussi écrit son ouvrage avec la double préoccupation que doivent causer à tous ceux qui réfléchissent à l'avenir du pays, l'encombrement des carrières professionnelles où se jette notre jeunesse instruite et le partage indéfini des terres dans les familles de nos cultivateurs. S'il peut contribuer à attirer l'attention de tous les véritables patriotes sur l'œuvre de la colonisation, il croira, sous une forme légère, avoir fait quelque chose de sérieux [14].

---

13) Joseph Doutre, *Les Fiancés de 1812*, préface, pp. XIII-XIV.
14) Pierre J.-O. Chauveau, *Charles Guérin*, p. 358.

Et H.-E. Chevalier a traduit *Le foyer canadien ou le Mystère dévoilé*, de Maple Knot, parce que «l'ouvrage [...] se propose d'exposer d'une façon plus populaire et plus lisible que par l'intermédiaire d'un journal, la plupart des traits principaux du sujet [il s'agit de la grande détresse commerciale du Canada] et aussi d'indiquer le véritable remède au mal[15]». Ce même Chevalier blâme *Charles Guérin* pour un motif semblable: «Nous devons l'avouer, nous avons vainement tenté de découvrir le but de l'ouvrage; il n'existe pas. Les romans de mœurs même doivent avoir un but social. Nul ne peut s'affranchir de ce devoir et M. Chauveau y a manqué[16]».

L.-O. Letourneux, pour sa part, est bien tenté de se laisser séduire par le courant de la France contemporaine qu'il acceptera d'ailleurs dans la mesure où il saura se concilier avec un idéal de régénération sociale:

> Paraissant devant nos compatriotes avec le but que nous avons devant nous, celui de populariser au pays, la littérature française, il n'est pas hors de propos que nous nous prononcions explicitement. Admirateurs passionnés des chefs-d'œuvre produits en littérature par nos contemporains et surtout en France … nous n'irons pas comme la vieille Revue Écossaise déclarer les écrivains à la mode de France aujourd'hui «bien petits, bien vagues, bien faux, bien dénués de but et de plan, bien stériles en idées …» Oh non, loin de nous de parler ainsi des auteurs de *Notre-Dame de Paris*, de *Cinq-Mars* et de beaucoup d'autres, de Chateaubriand, de Ballanche, de Augustin Thierry, de Montreuil, de Charles Nodier, de Casimir Delavigne. Mais ce que nous pouvons dire et répéter, c'est qu'il est parmi ceux qui travaillent à la grande œuvre intellectuelle, de mauvais ouvriers qui gâtent l'œuvre de leurs voisins [...].

---

15) Maple Knot, *Le foyer canadien ou le Mystère dévoilé*, préface, p. V.

16) Henri-Émile Chevalier, *Charles Guérin par Pierre J.-O. Chauveau*, dans *La Revue littéraire*, 1853, p. 106.

> Aujourd'hui la littérature selon nous, doit avoir toujours pour pensée et pour but, la pensée des temps où nous vivons; il faut qu'elle joigne au beau, à l'agréable, l'utile et le bien, il faut qu'elle suive la pente des événements et des idées sur laquelle notre époque est lancée [...] il faut qu'elle travaille, qu'elle fasse sa part, sa tâche dans l'œuvre de la régénération de la Société.
>
> Pour nous qui avons entrepris de faire connaître à nos compatriotes cette belle littérature d'aujourd'hui, de la répandre, de la rendre populaire et par là d'instruire, nous devons dire qu'il faut choisir et choisir encore, car vraiment il est trop d'écrivains comme ceux dont nous parlons dans cet article[17].

Aussi Benjamin Sulte, se conformant à cette doctrine, aura-t-il raison d'accoler comme synonymes au roman canadien, les trois épithètes «moral, patriotique et instructif»: «il est clair que le roman canadien c'est-à-dire moral, patriotique et instructif, prendra un jour une large place dans nos bibliothèques[18]». Comme pour endosser son jugement, Jean-Baptiste Caouette, dans le dernier roman du XIXe siècle édité au Canada, affirme: «Glorifier la religion, la patrie, la vertu, être utile et agréable à la jeunesse canadienne-française: tel a été mon unique but en écrivant ce modeste ouvrage[19]».

* * *

À première vue, cette recherche constante d'un but moral ou social appliqué au roman semble s'inscrire chez la majorité des critiques, dans la tradition française de la fin du XVIIIe siècle, où le roman d'utilité morale s'imposa, sous la vogue combinée du roman moralisateur anglais, type richardsonien, et de la sentimentalité rousseauiste. Pour les quelques critiques des années 1840-1850, elle s'inspire, à première vue, de l'école plus récente du réa-

---

17) *La Revue canadienne*, 15 février 1845.

18) Benjamin Sulte, *Bibliographie*, dans *La Revue canadienne*, VII (1870), p. 777.

19) Jean-Baptiste Caouette, *Le Vieux Muet ou le Héros de Châteauguay*, Avant-propos.

lisme balzacien, où l'ambition de l'auteur est de se transformer en une étude sociologique et d'offrir un document d'époque avec toutes les résonnances psychologiques ou sociales que peut impliquer ce document.

Mais ne serait-ce pas là un rapprochement plus brillant que juste? Sans doute a-t-on lu ici les romans de Bernardin de Saint-Pierre, de Madame de Genlis, de Richardson ou de Rousseau qui illustrent la première manière ou même ceux de Walter Scott, de Balzac, de Sue et de Dumas qui représentent la seconde, mais nulle part, il n'apparaît qu'on ait sérieusement réfléchi sur les théories du roman ou qu'on en ait étudié systématiquement les transformations. Tout semble se passer comme si les impressions qu'on livrait aux lecteurs de revues et journaux ou aux auditeurs de conférences, émanaient de la simple lecture des romans qui arrivaient ici selon les hasards des importations étrangères, sans qu'on ait eu souci d'en faire une étude très élaborée.

Aussi est-il plus exact de croire que s'imposa le besoin d'attribuer au roman un but social ou moral, parce qu'on trouvait une parfaite correspondance entre ce but et les préoccupations morales d'une société fortement imprégnée des grands dogmes chrétiens. Selon cette conception, l'homme est créé pour la gloire et le service de Dieu; et toutes ses œuvres doivent poursuivre cette fin. En conséquence, à l'instar de toute action humaine, le roman, pour l'auteur comme pour le lecteur, ne se justifiait que s'il s'intégrait dans ce plan.

À ce sujet, les principes exprimés par Ch.-A. Parizeau, dans une conférence prononcée en 1863, valent pour le roman comme pour toute œuvre littéraire:

> L'homme placé sur cette terre, a besoin d'un guide [...] Ce guide, il existe et il n'en est point d'autres, c'est le Christianisme, c'est Dieu, voilà le point de départ [...] Dans le Christianisme seulement, l'esprit humain trouve sa lumière et le cœur sa nourriture, car là se rencontrent à la fois le vrai, le bien, le beau, trois éléments toujours inséparables [...] Tout est là [...].

> Ici nous avons à apprécier surtout les efforts du génie; or nous disons que la vraie littérature ne consiste pas dans les descriptions scientifiques [...] ni dans un scepticisme qui réduit la vie à une hideuse orgie [...] mais dans un monde que le pinceau du poète anime, colore et divinise en quelque sorte, par la présence d'une lumière et d'une puissance surnaturelle [...]. La poésie ne consiste pas non plus dans l'arrangement des mots, ou dans ce misérable engrenage de rimes [...] non, mais dans une douce pensée du ciel et dans le parfum de ces fleurs qui ne croissent qu'au grand jardin du Paradis [...]. Chercher ailleurs une nourriture à son âme [...] serait assurément marcher dans un monde de ténèbres[20].

L'abbé J.-S. Raymond, en 1874, sera aussi catégorique:

> La littérature [...] doit être l'expression du vrai présenté sous ses plus belles couleurs; son but, c'est d'attirer les hommes à l'amour, à la pratique du bien par tous les enchantements que sait produire le génie au plus haut degré d'inspiration [...]. Tout homme qui écrit doit se demander quel sera l'effet de son livre sur les âmes[21].

La Revue canadienne de 1877 fera sienne cette observation de Louis Veuillot, qui cite d'abord un extrait de la préface de la messe de Noël: « Dum visibiliter Deum cognoscimus per hunc in invisibilium amorem rapiamur, » et continue: « Il y a dans ces paroles, une loi de l'Art absolument souveraine; et toute œuvre où elle n'est pas observée, manque au but que l'artiste doit poursuivre, car toute la nature est ordonnée pour le révéler et nous permettre de l'atteindre[22] ».

Pour être moins expressément chrétienne, la remarque de Georges Legrand s'inscrit dans la même ligne de pensée:

---

20) C.-A. Parizeault, *Étude littéraire, Victor Hugo*, dans *L'Écho du Cabinet de lecture paroissial*, 18 mai 1863.

21) J.-S. Raymond, *Nécessité de la Religion dans l'Éducation*, dans *La Revue canadienne*, XI (1874). pp. 601-602.

22) Louis Veuillot, *Quelques réflexions sur Shakespeare*, dans *La Revue canadienne*, XIV (1877), p. 145.

> S'il n'est pas requis qu'une œuvre littéraire soit une apologie directe de l'idée religieuse pour mériter attention et respect durable du lecteur [...] encore faut-il néanmoins qu'elle serve une pensée élevée, qu'elle soit animée d'une inspiration noble, qu'elle exerce une influence bienfaisante. L'écrivain ne doit pas seulement fuir l'immoralité, il doit aussi considérer comme indigne de lui de faire œuvre «amorale», je veux dire, œuvre indifférente au point de vue moral[23].

Et Hermas Charland en 1886:

> Le but de la littérature est le même que celui de la morale et de la science. La science cherche la vérité et la démontre, elle satisfait la raison, la morale cherche le bien et l'enseigne, elle guide la volonté: les beaux-arts, les belles lettres cherchent l'expression du beau et font aimer aussi le bien et la vérité, en cherchant la sensibilité[24].

Paul Stevens, en 1867[25], Faucher de St-Maurice, en 1868[26], le juge A.-B. Routhier, exigent que notre littérature adhère aux mêmes principes. Ce dernier dans son prologue à *Portraits et Pastels littéraires*, en 1873, s'exprimait ainsi: «Ce qui distingue notre littérature, c'est son amour du beau et du vrai. Le beau est le laid n'est pas sa devise. Elle est un art et non un métier[27]».

* * *

Ainsi, on le voit, assigner un but moral au roman n'est, au fond, que l'application à un genre littéraire donné d'une théorie qui régit tout l'Art, celle du Vrai, du Beau et du Bien, issue de Platon, mais christianisée par les scolastiques. «Ni le beau ni le

---

23) Georges Legrand, *François Coppée*, dans *La Revue canadienne*, XXXV (1899), p. 346.

24) J. Hermas Charland, *La littérature*, dans *La Revue canadienne*, Nouvelle série, VI (1886), p. 543.

25) Paul Stevens, *Notice bibliographique*, dans *La Revue canadienne*, IV (1867), pp. 396-398.

26) H.-E. Faucher de St-Maurice, *L'homme de lettres, sa mission dans la Société moderne*, dans *La Revue canadienne*, V (1868), pp. 437-451.

27) Jean Piquefort (pseudo de A.-B. Routhier), *Portraits et Pastels littéraires*, prologue, p. 4.

vrai ne peuvent contredire le bien. » Par conséquent, conclura-t-on, trop vite sans doute, que le roman ne peut être œuvre d'art que dans la mesure où il sert la cause du Bien et se met au service de la morale.

L'abbé H. Bédard simplifie beaucoup les notions esthétiques, quand il proclame catégoriquement:

> Combien de jeunes gens, dira-t-on, loin de devenir meilleurs par la lecture des ouvrages littéraires se sont perdus [...]! À cela [...] réponse courte et facile: ces ouvrages [...] étaient mauvais sans doute puisqu'ils inspiraient ou enseignaient le vice. Or [...] ceci n'est plus du domaine des Belles-Lettres. La littérature a pour objet le Beau[28].

M. Meinier avait émis la même opinion en 1872:

> Je puis dire que c'est une chose extraordinairement rare qu'un livre à l'Index soit bien écrit. Qui ne respecte pas les règles de la morale ne respecte pas les règles de l'art. Dans tous les cas, ce livre n'aurait toujours que la forme de bonne et que vaut la forme sans le fond?[29]

Et Jules Saint-Elme, en 1890: « Ah s'ils avaient voulu faire la lutte pour le Bien, pour le Vrai et pour le Bon, comme ils s'escriment à poser pour le Beau, leur plume aux abois ne divaguerait pas[30] ».

Ces trois critiques ne font là qu'interpréter à leur façon une théorie esthétique constamment évoquée à l'époque, puisqu'une revue aussi importante que *La Revue canadienne* déclare que son désir est de « réunir tous les enfants de notre cher Canada dans la culture du Vrai, du Bien et du Beau[31] », que *Le Glaneur* de Lévis clame: « En écrivant, ayons pour objet le Bien, le Bon, le Beau, et chevaliers combattant sous la belle bannière de l'art idéaliste,

---

28) H. Bédard, p.s.s., *Le jeune homme et la littérature*, p.35.

29) Meinier, *Les Mauvais livres et l'Index* dans *L'Opinion publique*, 6 juin 1872.

30) Jules Saint-Elme, *Être écrivain*, dans *Le Glaneur*, II (1892), p. 173

31) Alphonse Leclaire, *À nos lecteurs*, dans *La Revue canadienne*, XXIX (1893), p. 5.

élançons-nous à la conquête de l'Avenir[32]». Ces expressions reviennent régulièrement sous la plume de nos littérateurs.

La théorie du Beau, du Vrai, du Bien, selon laquelle une œuvre sera jugée belle dans la mesure où elle est vraie ou bonne, est parfaitement fondée sur le plan métaphysique, où l'on donne aux termes beau, vrai, bien, toute l'extension qu'ils ont avec l'être même. Mais l'erreur a consisté à ne pas faire la distinction des ordres et à passer inconsciemment du plan métaphysique au plan moral où, à ce niveau, les termes bon, vrai, beau, ont un sens beaucoup plus restreint et plus équivoque qu'ils ne l'ont sur le plan métaphysique. Il y a eu erreur de méthode, la dialectique ne permettant pas de passer d'un ordre à l'autre, parce que l'univers de la métaphysique est tout à fait irréductible à celui de la morale.

On s'est donc laissé éblouir par les grands principes: «Le beau, le vrai, le bien, objet de la littérature.» On n'a pas assez vu que ces expressions métaphysiques revêtent de multiples applications concrètes dans le domaine moral et qu'à ce titre l'axiome de Victor Hugo, «le beau c'est le laid», tant décrié par Routhier et ses confrères, a beaucoup de vérité. Jules Lemaître le met bien en évidence:

> On dira que si la réalité est laide, il ne faut pas la peindre telle qu'elle est, parce que cette peinture ne saurait être belle [...]. La peinture de la réalité non arrangée, mais complète, donne l'idée de la beauté, parce qu'elle nous présente quelque chose de compliqué, un jeu de causes et d'effets, de forces subordonnées les unes aux autres. La beauté naît encore de ce que les traits, tous copiés sur la réalité, sont cependant choisis, sinon modifiés [...]: or ce choix se fait d'après une idée [...]. La beauté est encore dans les forces naturelles et fatales que le roman réaliste est toujours amené à peindre. Elle est aussi dans le style dès qu'il possède certaines qualités[33].

---

32) Germain Beaulieu, *La critique et les jeunes*, dans *Le Glaneur*, I (1890), p. 19.

33) Jules Lemaître, *Étude sur Flaubert*, dans *Les Contemporains*, 8e série, pp. 91-92.

D'ailleurs, Octave Crémazie, dans sa Correspondance, avait exprimé le même point de vue. Mais ses remarques, n'ont pas eu d'écho ici :

> Qu'est-ce que le vrai, qu'est-ce que le beau en littérature ? Je sais bien qu'il [M. Thibault] me répondrait tout de suite par le récit de Théramène ou par les imprécations de Camille. C'est magnifique sans doute il y a une foule de choses qui sont tout aussi belles mais d'une autre manière ; et ce qu'il appelle horrible n'est souvent qu'une des formes, non pas du beau isolé mais du beau universel ; tout cela dépend du point de vue.
>
> [...] Pourquoi ne pas regarder en face de ces fantômes qui nous semblent si monstrueux ? Pour ma part je crois qu'il est plus sain pour l'intelligence de se lancer ainsi à la recherche de l'inconnu, à travers ces fantaisies horribles si vous le voulez, mais qui ont cependant un côté grandiose que d'énerver son âme dans ces éternelles répétitions de sentiments et d'idées à l'eau de rose qui ont traîné dans la chaire de tous les professeurs de Rhétorique.
>
> L'éclectisme, absurde en religion et en philosophie, m'a toujours paru nécessaire en littérature[34].

La conséquence d'une conception trop étroite de cette théorie fut d'enfermer le roman dans un cercle d'exigences morales qui ne pouvaient qu'étouffer l'inspiration des auteurs. Il fallait, a-t-on conclu trop vite, que le roman donnât explicitement une leçon morale, que les personnages fussent des exemples à suivre ou du moins qu'on sût clairement que le personnage vicieux avait la réprobation de l'auteur ; même on ne permettait guère au lecteur de faire par lui-même la découverte du personnage au cours du récit ; dès le début, le romancier devait se charger de nous le peindre en des termes qui ne souffrent point d'ambiguïté : à son apparition, il devait se livrer complètement : ce sera un coeur noble, qui, jusqu'au dénouement, fera preuve de vertu, ou un mécréant, qui s'enlisera de plus en plus dans son vice et subira les

---

34) Octave Crémazie, *Oeuvres complètes*, (Édition 1896), p. 52.

châtiments mérités.

On n'a pas assez vu que la simple étude psychologique, la connaissance approfondie d'un milieu, le tableau de moeurs, pouvaient constituer un apport sérieux à la réalisation même d'un objectif moral ou social et que ce pouvait être une contribution fort appréciable à la sociologie, à l'histoire ou à la morale. Cependant, il ne faudrait pas généraliser. Le problème s'était, au moins, posé à la conscience de quelques critiques qui l'avaient formulé avec beaucoup de précautions oratoires.

> Il est une question grave qui prend chaque jour de l'importance, lorsqu'on voit les livres se répandre à profusion et pénétrer partout. C'est la question de la morale en littérature. Oserai-je dire que je n'ai pas, là-dessus, une opinion bien nette et bien ferme? […]. Il est permis, sans passer pour un sceptique, de présenter au public un point d'interrogation et de le consulter, l'exciter à réfléchir sur un problème, au lieu de penser pour lui et de vouloir lui imposer sa doctrine […], les romanciers que j'appellerai « naturalistes » pour faire court […] sur qui tombent d'ordinaire les foudres de la justice, répondent, non sans raison, qu'ils n'inventent rien. Ne rien inventer fait partie de leur doctrine littéraire. Ils peignent les choses qu'ils voient et si on les pousse un peu, ils établissent aisément que leurs récits sont des procès-verbaux dont ils peuvent justifier l'authenticité. Une société a-t-elle le droit de défendre qu'on dise ce qu'elle fait? N'est-ce pas une suprême hypocrisie d'avoir des vices et de ne pas vouloir qu'on les dise? Pourquoi le romancier n'analyserait-il pas le vice que le légiste constate, que le poète chante? L'étude des moeurs, c'est le domaine des romanciers. Si elles sont mauvaises, est-ce sa faute? Il tient le miroir de la vérité. Brisera-t-on ce miroir parce que le monde s'y reflète tel qu'il est?
>
> Mais si le romancier a le droit de peindre les moeurs de son temps […] quel sera le mauvais livre, si ce n'est pas

là porter scandale que de se faire l'Écho des mauvaises mœurs?[35]

Mais, à ce moment, l'opinion canadienne-française était déja fixée sur les objectifs du roman, de sorte que les coups de sonde du *Journal du dimanche* n'ont pas donné lieu à des échanges de point de vue.

Si l'on voulait porter un jugement global sur la critique de l'époque, on ne pourrait pas lui reprocher de se limiter au roman d'utilité morale, mais de réduire trop rigoureusement la portée de ce terme. En effet, le roman en lui-même ne poursuit-il pas un but, n'a-t-il pas une utilité morale? Quel en est le caractère distinctif, sinon une histoire de l'homme, de son expérience et de ses moeurs? Voilà bien l'objet premier du roman. Il va sans dire que cet objet enrichit le lecteur, l'humanise, et constitue, en quelque sorte, un but auquel peut prétendre tout romancier. «La question alors [...] n'est pas de savoir si un romancier peut ou non, peindre tel aspect du mal. La question est de savoir à quelle hauteur il se tient pour faire cette peinture et si son art et son coeur sont assez purs et assez forts pour le faire sans connivence[36]». Selon cette façon d'envisager le roman, la liberté de l'artiste évolue dans une optique beaucoup plus souple. Au XIXe siècle, le problème n'a pas été vu sous cet angle au Canada français: On a voulu astreindre le romancier à mettre en relief tout au long de son récit, l'intention morale, sociale ou religieuse qui le guidait. On l'a ainsi enfermé dans un cercle étroit qui ne pouvait que gêner ou étouffer son inspiration.

---

35) Fernand, (pseudo) *Chronique*, dans *Le Journal du dimanche*, 22 novembrc 1884.

36) Jacques Maritain, *Art et scolastique*, p. 234.

Chapitre 3

Faut-il proscrire le roman?

Faut-il proscrire le roman?

« Les peuples honnêtes n'ont pas de romans », cet adage emprunté à un journaliste de *L'Opinion publique*[1], écrivant sous le pseudonyme de Samarys, illustre bien, à notre avis, l'attitude de la critique canadienne-française qui, convaincue de la valeur du roman d'utilité morale, sera spontanément portée à juger les oeuvres selon des critères moraux. Qu'en premier lieu l'aspect moral s'impose à l'esprit de celui qui juge du roman d'après le but qu'on lui assigne, rien de plus logique, de plus conséquent.

A vrai dire cette tendance est plus apparente à partir de 1880 où le roman de conception traditionnellc subit des assauts particulièrement violents de la part d'éléments sensibles aux grands courants de la pensée française contemporaine. Mais il n'y aurait pas lieu d'établir une démarcation tranchée. Au cours des années précédentes, on en pourrait relever des indices nombreux et constants.

I

L'aspect moral est souvent le seul envisagé dans la critique de la littérature romanesque et cela, soit dans les ouvrages d'ensemble qui font l'histoire plus ou moins élaborée du roman, soit

1) *L'Opinion publique*, 26 juin 1879.

dans de simples notes bibliographiques ou reportages d'événements littéraires, dont quelques journaux de l'époque, d'une façon trop éparse et sporadique à notre avis, font le bilan.

L'abbé Joseph Desrosiers a publié dans *La Revue canadienne* et dans *Le Canada français* des études fort intéressantes où l'on sent chez lui un souci constant de démontrer, contre les délateurs du roman, tout le parti qu'on peut tirer de ce genre littéraire qui, d'après lui, ne compte pas, parmi ses auteurs, que des corrupteurs et des pervertis. C'est peut-être ce point de vue qui l'a poussé à forcer la note; il reste néanmoins que, dans ses articles, seule la moralité du roman fait l'objet de ses préoccupations. Des expressions de ce genre abondent:

> Il est bien vrai que dans *Sibylle,* monsieur Feuillet a voulu faire une démonstration en faveur de la religion; mais il n'y a prouvé qu'une chose, c'est qu'il n'entendait rien à la religion.

ou encore,

> M. Lemaître qui a un faible très apparent pour cet écrivain (Maupassant) [...] ne peut s'empêcher partout d'admettre qu'il est «le plus osé peut-être et le plus indécent de tous les conteurs et romanciers qui mènent aujourd'hui quelque tapage.»

et plus loin,

> M. Boissin s'écrie: «Dans quel avachissement, faut-il que soit tombé l'esprit public pour que des écrivains intellectuellement bien doués s'acharnent à ne présenter que des scènes ordurières, lubriques ou folles? C'est à qui inventera la pourriture la plus ignoble, le vice le plus infect, la corruption la plus perverse [...]. Il y a comme une conspiration de présenter sous un jour d'apothéose les dépravations les plus naturalistes.» Cette vigoureuse apostrophe peut s'appliquer à un grand nombre et entre autres à M. Paul Bourget[2].

---

2) Joseph Desrosiers, *Naturalisme et réalisme au XIXe siècle*, dans *La Revue canadienne*, troisième série, I (1888), pp. 169, 233, 235.

Dans un manuel de classe destiné à préparer les élèves au baccalauréat, l'abbé P.-V. Charland semble avoir comme premier souci d'inspirer aux élèves une répulsion instinctive contre le roman. Ses jugements sont catégoriques, absolus et ne donnent guère le goût de se renseigner davantage. Voici, à titre d'exemple, la présentation de Rabelais:

> De Bonaventure à Rabelais, la transition est naturelle: on passe de la puanteur à la putréfaction [...].
>
> V. Hugo nous a peint d'un mot tout l'homme: « Rabelais dit-il, a fait cette trouvaille, le ventre » (William Shakespeare). Le ventre, [...] telle était l'idole de ce « pourceau de génie, de ce détestable et prodigieux bouffon » (Pontmartin, *Dernières causeries littéraires*, p. 55). Après cela, on ne s'étonne plus de rencontrer tant de pages immondes dans les romans de Pantagruel et de Gargantua. Ces ouvrages échappent à l'analyse. Ce qu'on peut en dire, c'est que Rabelais y rit de tout; c'est que, sous des figures allégoriques, il raille tous les personnages de son temps; c'est que chez lui l'impiété y est continuelle et [...] qu'il en veut surtout à l'Église. Nulle part, il est bienfaisant. Il se joue des misères humaines et n'y propose jamais de remèdes. Son rêve [...] est insensé.
>
> On a parlé de sa science immense et de ses « Excellentes idées » sur l'éducation; la Bruyère a trouvé qu'il y avait chez lui de l'Exquis et de l'excellent.

Plus loin tout Bernardin de Saint-Pierre est résumé dans ce jugement:

> Quant au roman tant vanté de *Paul et Virginie*, on doit savoir gré à M. de Courvay d'avoir mis naguère en belle évidence la platitude et l'immoralité de ce prétendu chef-d'œuvre[3].

Qui plus est, pas un mot, dans ce manuel, du XIXe siècle littéraire! À M. Savary qui lui reprochait cette anomalie[4], l'auteur

3) P.-V. Charland, *Questions d'histoire littéraire*, pp. 271, 272, 410.
4) Charles Savary, *Feuilles volantes*, p. 91.

allégua que le XIXe siècle n'était point au programme de la Faculté des Arts. M. Savary avait pour le moins raison de s'en surprendre.

Quelques conférences sur la mission de l'homme de lettres, comme celle de Faucher de Saint-Maurice en 1868, ou de M. Hogue, étudiant en droit, en 1880, mettent également en relief uniquement le danger moral des romans du XIXe siècle et ont tendance à condamner les auteurs par des jugements globaux, les caractérisant par une expression, un axiome tiré de leurs oeuvres et présenté comme donnant le ton à l'ensemble, sans tenir compte du contexte :

> Qui de vous, (s'écrie M. Hogue), n'a flétri George Sand, cette femme-homme qui […] n'a trouvé que des accents de haine contre le côté divin de la société, la vie de famille ? Théophile Gautier, dans un de ses romans les plus en vogue, […] insultait gaiement la femme qui, jadis, gravissait les degrés du Calvaire et contribuait par son sacrifice auguste, à détruire l'oeuvre de Satan déchu.
>
> Je viens de prononcer le mot roman. Ah Messieurs, c'est là que l'écrivain a abjuré sa mission, qu'il a oxydé sa plume. Il y a prodigué à droite et à gauche les coups de poignard, les duels, les suicides. Tous ces héros et ces héroïnes qui s'empoisonnent et empoisonnent leurs époux ou leurs épouses, ont trouvé des éditeurs par milliers, jusqu'au jour ou l'enfant du faubourg ouvrant le livre venimeux le lit […] en disant : après tout, ce n'est pas aussi mauvais qu'on se plaît à me le dire[5].

Si, des études d'ensemble, on passe aux articles consacrés à un romancier en particulier, on remarque souvent le même souci de n'envisager que l'aspect moral de l'œuvre, et cela sans nuance, avec une brutalité qui ne laisse guère de place à la sympathie, à l'ouverture d'esprit.

Au sujet de la venue au Canada de Paul Bourget, C. Lefrançois écrivait dans *La Revue canadienne*

---

5) *L'Opinion publique*, 26 février 1880.

Puisqu'il nous fait l'honneur de fouler notre sol, nous avons cru opportun d'entretenir nos lecteurs de cet écrivain et de son œuvre. Nous le ferons [...] dans le seul but d'éclairer ceux qui n'ont pas lu ses livres. Le nombre en est encore grand parmi nous et ce n'est pas un malheur [...].
Il se dit psychologue et ses admirateurs le proclament maître en psychologie: mais il n'y a pas de vraie psychologie en dehors de la philosophie chrétienne [...].

C'est donc avec raison que le Père Cornut l'a classé parmi les malfaiteurs littéraires et ses admirateurs seraient mal venus de protester contre cette appréciation: nous avons la confession de l'écrivain lui-même:

J'ai fait un peu de bien, j'ai fait beaucoup de mal.

[...] Si donc les livres de M. Bourget peuvent être inoffensifs pour quelques âmes d'élite, ils sont fort dangereux pour le grand public auquel ils sont destinés [...].

Cet écrivain remarquable [...] a cédé aux instincts dépravés, aux goûts ravalés de la foule pour se faire une popularité, une clientèle. Cette heureuse concession [...] a reçu sa récompense: le Bourget est à la mode. Il est évident toutefois que cet homme si heureusement doué a conscience de cette dégradation et qu'il en souffre. Ses dernières productions semblent même accuser un mouvement de réaction et de retour [...].

Si cette conversion s'opère enfin, monsieur Bourget n'aurait plus sans doute la même clientèle mais il en aurait une autre qui lui ferait plus honneur: celle des honnêtes gens [...].

Peut-être perdrait-il au change quelques gros sous, mais il y gagnerait énormément dans sa propre estime et dans la considération de la partie saine de la société[6].

À la mort d'Alphonse Daudet, *La Semaine religieuse de*

---

6) C. Lefrançois, *Paul Bourget* dans *La Revue canadienne*, XXX (1894), pp. 1, 3, 5, 7-8.

Québec signale:

> M. A. Daudet, romancier français, est mort subitement en décembre dernier.
>
> ... Des nombreux ouvrages qu'il a composés, c'est à peine si nous pouvons en signaler deux: «*Les Lettres de mon moulin* et *Les Contes du lundi*». Quant aux autres, il voudrait bien maintenant ne les avoir jamais écrits; car A. Daudet doit être rangé parmi les malfaiteurs littéraires[7].

Et lors du décès d'Edmond About, Philippe Masson écrit:

> Le 18 janvier, une dépêche de Paris annonçait la mort de M. Edmond-François-Valentin About, écrivain célèbre dont, malheureusement, la carrière littéraire est loin d'être à l'abri du reproche.
>
> Journaliste qui a eu sa vogue, romancier et feuilletoniste recherché, nouvelliste tapageur [...] M. Edmond About a mis le plus souvent son talent distingué au service de l'erreur, des préjugés et du mauvais vouloir de la libre pensée contre l'action éminemment civilisatrice de l'Église catholique.
>
> About a eu le triste honneur d'être l'un des brillants dans cette légion d'écrivains malhonnêtes qui ont mis la pensée au service des faux principes et des mauvaises mœurs. Il a contribué avec tant d'autres à former cette France dégradée, qui vient de donner au monde le scandale de la femme Clovis Hugues, coupable de meurtre, libérée, exonorée et acclamée[8].

Jusqu'à présent, le ton, pour être tranchant, n'en est pas moins sobre. Mais on a aussi utilisé le ton railleur comme dans *L'Étudiant*:

> Une librairie française va publier une nouvelle édition des ouvrages d'Honoré de Balzac, écrivain nullement recom-

---

7) *La Semaine religieuse de Québec*, 22 janvier 1897, p. 343.

8) Philippe Masson, *Chronique du Mois*, dans *La Revue canadienne*, nouvelle série, V (1885), p. 59.

> mandable à des catholiques. Balzac a vécu de 1799 à 1850. « Il a, dit un critique, publié de nombreux romans où il s'est plu à peindre les plus mauvais côtés de la vie humaine ». C'est l'auteur dont il est question dans l'excellent article que nous a laissé feu M. Chs M. Ducharme, *Armand et Balzac*. C'est celui dont M. Gaudefroy nous a parlé, dans *L'Étudiant* dans une plaisante anecdote: Le quel des deux était le fou?
>
> Émile Zola [...] travaille actuellement à une série d'ouvrages appelés *Les Rougon-Macquart*. Peut-être se reposera-t-il quand tous ces petits bons hommes de Rougon seront quelque peu grandets; en attendant, un fauteuil d'immortel [...] il passe quatre belles heures par jour de sa précieuse existence à écrire les Rougon.
>
> Émile Zola et Ernest Renan vont de pair: l'un a écrit la *Vie de Jésus* où l'impiété a beau jeu; l'autre a publié *La Bête humaine* où il s'est révélé tel qu'il est [9].

De la raillerie au ton outré, virulent, disproportionné à l'objet qui le provoque...

J.-P. Tardivel va protester à sa manière contre la parution en feuilleton du *Maître des Forges* expurgé:

> C'est une abomination. On dit que les Éditeurs de *l'Événement*, avant de le publier, l'ont expurgé! C'est-à-dire que sur les sept péchés capitaux, on en a ôté un, l'impureté. Mais les autres y sont restés dans toute leur laideur diabolique. Nous disons qu'on a ôté l'impureté; il faudrait dire qu'on a fait disparaître les scènes les plus honteuses mais il en reste assez pour salir les jeunes imaginations.
>
> [...] Nous avons dit que c'est une abomination. Nous voudrions trouver un mot plus fort pour exprimer l'horreur que nous avons ressentie en lisant ces pages écrites sous l'inspiration de Satan.

---

9) *L'Étudiant*, VII (1891), p. 57.

> Quand un roman met en scène des personnages animés de vertus purement naturelles, c'est un ouvrage dangereux car il nous porte à mépriser la religion révélée et à nous contenter d'une espèce de théisme vague et indéfini.
>
> Que faut-il penser d'un roman dont le héros et l'héroïne, loin d'être doués de quelque vertu naturelle sont de véritables démons incarnés? N'est-ce pas qu'une semblable œuvre est vraiment satanique [...].
>
> Il est sans doute permis de faire figurer des vices et des crimes dans un roman; mais à condition de les flétrir, de les montrer aussi odieux qu'ils le sont réellement.
>
> Dans le *Maître des Forges*, tel que *L'Événement* l'a publié, c'est tout le contraire qui a lieu. L'auteur fait tout en son pouvoir pour rendre le péché aimable, pour faire admirer le crime, pour faire adorer le démon. La misérable héroïne, toute pétrie du plus épouvantable orgueil qu'il soit possible d'imaginer, est représentée comme un être adorable. Le mot adorer revient à chaque instant.
>
> Le héros, également sous l'empire de l'orgueil, nous est présenté comme un véritable modèle à suivre. Dans tout ce récit, pas l'ombre d'une bonne pensée, pas même l'idée de Dieu, du ciel, de l'enfer. [...]
>
> Le style, quoique fort extravagant, ne manque pas de vigueur. [...]
>
> Et ces pages toutes imprégnées de péché mortel, inspirées par l'enfer, nos journalistes les jettent en pâture à des millions de leurs compatriotes![10]

Louis Franc, pour illustrer la dépravation d'une jeunesse corrompue par les romans, va raconter les épisodes suivants:

> Un jour, je voyageais en chemin de fer: dans un wagon de première classe où j'étais, il y avait beaucoup de monde, mais une jeune fille bien mise, jolie, à l'air distin-

10) Jules-Paul Tardivel, *Mélanges*, Tome III, p. 315.

> gué, attirait mon attention. Elle lisait un livre qui paraissait grandement l'intéresser. J'étais curieux de connaître ce livre; aussi quand vint une station où elle descendit pour prendre l'air, je n'eus rien de plus pressé que d'aller faire un tour à son siège et de regarder le titre de l'ouvrage. C'était «Graziella» de Lamartine! Mon intérêt pour elle fut vite évanoui. Voilà ce qu'on trouve généralement entre les mains de nos jeunes filles à la mode.
>
> J'ai vu, dans un journal [...] un feuilleton dont l'un des chapitres était intitulé: Mariage secret, qu'on juge du reste. Le correcteur avait eu la main légère. Un prêtre, qui se tenait prêt pour la circonstance, dans une cabane sur le bord du bois, mariait contre le gré de leurs parents, deux jeunes gens qu'on n'avait pas seulement eu le soin de dire majeurs. Quelques mois plus tard, le feuilleton du même journal faisait se tuer un imbécile dont le rival avait été un instant plus heureux que lui [...]. Vous avez là un échantillon bien pâle de la moralité du feuilleton[11].

Le père Zacharie Lacasse associe à sa douleur, celle de tout un peuple:

> Les catholiques du Canada ont éprouvé une grande peine en apprenant la triste nouvelle que M. L. H. Taché voulait faire venir trois cents exemplaires des oeuvres complètes de V. Hugo. Le nom de Taché est si peu fait pour servir de queue à celui de Hugo. Taché est un nom national, une partie de notre gloire, un des beaux fleurons de notre couronne. Quand l'enfant bégaie ce nom en lisant à sa mère les annales de la Propagation de la foi, de douces larmes d'admiration coulent de ses yeux [...] Le nom de Hugo est petit, bien petit à côté de celui-là. Hugo a passé une partie de sa vie à blasphémer, à salir un drapeau que Taché lave de ses sueurs et de son sang depuis 60 ans. Hugo est francisson, Taché est canadien-français, ces deux noms se repoussent, on a voulu les accoler:

---

11) Louis Franc, *Mauvais livres et mauvais feuilletons*, dans *La Revue canadienne*, 3e série, IV (1891), p. 195.

> Louis Hugo Taché; que ça sonne mal!
>
> Espérons cependant que le coupable regrettera amèrement sa faute; c'est le désir sincère, ardent, de l'opinion publique [12].

P.J. Bédard va s'efforcer d'inspirer pour Rabelais une répulsion qui n'invite guère à le lire:

> Rabelais possédait un véritable génie; mais la perversité de ses moeurs, l'impiété de ses maximes et la négation absolue de ses devoirs de prêtre et de citoyen en ont fait un auteur excessivement dangereux; ses œuvres, quoique possédant réellement quelques beautés qui sont là comme des perles dans le fumier le plus infect, sont un recueil de blasphèmes les plus terribles jetés à la face de Dieu et de tout ce qu'il y a de beau, de noble et de grand sur la terre, des pensées les plus obscènes et les plus basses, de propos les plus grossiers et les plus indélicats[13].

On conçoit facilement que le ton outré de ces condamnations reste une exception; d'ailleurs, à l'époque, on l'a réprouvé. L'inquiétude de Louis Franc a été tempérée par *La Revue canadienne* qui ajoutait en note au bas de la page: «L'auteur aurait pu moins s'alarmer[14]». Dans la même revue, M. Bellay cite *Graziella* «parmi les écrits dont s'honore la France»[15], et le recommande chaudement. *L'Opinion publique* qui pourtant proteste et avec raison de la tenue morale de ses pages, est loin de partager l'opinion de Tardivel au sujet des éditions expurgées.

> *La Vérité* prétend que c'est mal de faire connaître les bonnes oeuvres des grands auteurs français qui ont aussi écrit des choses répréhensibles. Voilà une étrange théorie. [...] Vous voulez empêcher nos gens de lire ce que Gauthier, Coppée, Soudeau, Feuillet, Flaubert, etc. [...] en disant que c'est leur donner le désir d'avoir toutes les œuvres de ces écrivains que de les citer! [...] Les cours de littérature admis dans nos collèges ne contiennent-ils

12) Zacharie Lacasse, o.m.i., *Dans le camp ennemi*, p. 118.
13) P.J. Bédard, *Etudes et récits*, p. 78.
14) *La Revue canadienne*, troisième série, IV (1891), p. 195.
15) M. Bellay, *ibid.*, p. 335.

> pas des extraits des grands auteurs, de Voltaire même. Mais oui, donnons chaque semaine les belles et bonnes pages de ces écrivains et l'on n'aura pas besoin de les acheter en entier [16].

* * *

D'autres critiques plus nuancés voudront ajouter à des jugements moraux, des considérations d'ordre plus strictement littéraire, mais la façon conventionnelle et rapide avec laquelle on s'acquittera de cette tâche, fera ressortir par contraste l'intérêt exagéré pour la moralité, surtout si l'on considère que les romans blâmés s'appellent *Le Pèlerin de Ste-Anne* du pieux Pamphile LeMay, *L'Intendant Bigot* de Marmette ou *Le Pirate du St-Laurent* de H.-E. Chevalier.

À propos du *Pèlerin de Ste-Anne*, Jules-Paul Tardivel écrira:

> Je n'ai jamais lu un ouvrage aussi élevé par la pensée dominante du roman et en même temps aussi dégradant, aussi dangereux dans les détails que ce livre au titre séduisant et trompeur [...] Comment expliquer ce bizarre mélange de bon et de mauvais? [...]
>
> M. Lemay est tombé dans le réalisme [...] Il ne s'agit pas de le comparer à Zola. Au moins le but de l'auteur est bon [...] mais il a fait tout en son pouvoir pour rabaisser son livre au niveau du genre canaille: Il a choisi pour principaux personnages des libertins, des meurtriers, des blasphémateurs [...]. Il nous met en contact direct avec des êtres que lui-même ne voudrait pas saluer dans la rue [...] Nous entendons très souvent des conversations libres, grivoises, malhonnêtes: beaucoup de scènes se passent en des lieux que l'on ne nomme pas dans la bonne société et tout cela est raconté avec une crudité de langage révoltante [...].

---

16) *L'Opinion publique*, 3 mars 1893.

> En un mot, M. Lemay a tenté de faire un bon roman avec de mauvais matériaux ; il a voulu être catholique et réaliste à la fois et voilà ce qui explique le mélange inconcevable de religion et de sensualité.
>
> [...] Non seulement, le roman de M. Lemay porte atteinte aux bonnes mœurs mais il ne respecte pas toujours les bons principes : v.g. Picounoc qui a trouvé de l'argent à voler prétend que c'est grâce à la bonne Ste-Anne, et rien dans le récit ne nous dit qu'il n'a pas raison.
>
> Ailleurs l'auteur met dans la bouche de l'un de ses rares personnages honnêtes les paroles suivantes : Si la justice est trop lente, le peuple abrégera les formalités [...]
>
> Il est sans doute permis au romancier de faire entrer dans la composition de son livre des personnages plus ou moins mauvais. Mais il doit avoir soin de les présenter sous des couleurs tellement odieuses, tout en respectant les convenances de langage que personne ne soit tenté de suivre leur exemple. M. Lemay n'a pas toujours observé cette règle : Plusieurs de ces hommes de chantier [...] après avoir assourdi nos oreilles de leur horrible blasphème disparaissent à la fin du roman impunis et sans recevoir un mot de blâme de leur auteur[17].

Cette appréciation sera suivie de considérations sur l'intrigue et le style.

Le juge A.-B. Routhier sera tout aussi sévère pour *L'Intendant Bigot* de Marmette. Lui, non plus, n'oublie pas d'étudier la valeur littéraire du roman mais son appréciation demeure quelconque tandis que son jugement moral est beaucoup plus élaboré :

> Malheureusement ses descriptions de personnes sont bien plus répréhensibles que ses descriptions de lieux. Chaque fois qu'une de ses héroïnes joue un rôle dans les faits qu'il raconte, il en fait des portraits de plein pied qui sont loin d'être convenables.

---

17) Jules-Paul Tardivel, *Mélanges*, tome I, pp. 225-227.

Il est certainement déplorable qu'un auteur canadien et catholique se soit permis d'imiter si fidèlement les romanciers français dont le réalisme aurait dû le révolter. Je ne veux rien exagérer et j'ai trop bonne opinion de M. Marmette pour croire qu'il a voulu atticher le lecteur par des peintures un peu risquées. Non, je me persuade que le désir de paraître artiste et l'irréflexion ont seuls causé la faute [...]

L'ouvrage est-il du moins parfaitement moral dans l'ensemble et digne d'être imité? Je suis bien fâché de répondre non.

Au point de vue littéraire, *L'Intendant Bigot* est supérieur à *François de Bienville*; mais il lui est bien inférieur au point de vue moral.

C'est un roman moderne dans toute l'acceptation (sic) du mot [...] rempli d'intrigues et de scènes émouvantes [...] mais d'une portée morale fort douteuse. Je cherche en vain les sujets d'édification dans l'histoire d'un grand criminel et d'une femme adultère.

Le sujet lui-même est scabreux et réveille les mauvais instincts du cœur. M. Marmette a toujours tenu au premier plan Bigot et sa maîtresse et les honnêtes gens sont au second plan.

[...] La course en croupe sur le cheval de Raoul n'est pas, non plus — quoiqu'il n'en résulte qu'un baiser — un exercice à recommander aux jeunes filles.

Par contre, Mme de Péan est une adultère presque honnête, beaucoup trop aimable dans tous les cas. Bigot, qui était un scélérat, n'avait pas besoin de tant de charmes pour être séduit[18].

Antérieurement à ces deux critiques, dans le journal *L'Ordre* de 1859, E.-L. de Bellefeuille avait écrit une dissertation-fleuve

---

18) Jean Piquefort (pseudo de A.-B. Routhier) *Portraits et Pastels littéraires*, deuxième livraison, pp. 39, 40, 45, 46.

sur 5 colonnes dans 7 numéros du journal à propos d'un court roman de H.-E. Chevalier, *le Pirate du St-Laurent*. Dans une première partie, il avait traité du roman lui-même, mais dans une seconde qu'il appelait «métaphysique», il commentait largement les «idées de l'auteur» et résumait son argumentation ainsi:

> M. Chevalier est fourriériste.
>
> M. Chevalier est saint-simoniste.
>
> M. Chevalier est communiste.
>
> M. Chevalier est matérialiste, s'il n'explique pas d'une manière satisfaisante ce qu'il entend par cœur et cerveau.
>
> M. Chevalier est fataliste.
>
> M. Chevalier est démagogue[19].

Ce qui, dans cette appréciation à dominante morale, doit principalement retenir notre attention, c'est moins, semble-t-il, l'outrance verbale des critiques que l'intention qui les anime: inspirer une certaine horreur ou une répulsion pour le roman; cela, non certes qu'on en conteste la valeur littéraire, mais que le roman pose un dilemme insoluble à l'époque: sa valeur littéraire est souvent inconciliable avec la pratique de la vertu. Puisqu'un choix doit s'opérer, cela va de soi, on optera pour le Bien au détriment du Beau.

II

C'est encore au nom du même idéal qu'on a insisté sur les dangers moraux du roman.

Exalter l'imagination du lecteur et surtout de la jeune lectrice, voilà le grief mis en évidence. Ici les témoignages abondent avec régularité et persistance qui relèvent presque de l'obsession.

Dès 1817, sous la plume de Ludger Duvernay,

---

19) E. Lef. de Bellefeuille, *Le pirate du St-Laurent par M. H. E. Chevalier*, dans *L'Ordre*, 5, 8, 12, 15, 19, 26, 29 avril 1859.

> L'on se plaint que les romans troublent les têtes, je le crois bien, en montrant sans cesse à ceux qui lisent les prétendus charmes d'un état qui n'est pas le leur, ils les séduisent, ils leur font prendre leur état en dédain, et en faire un échange imaginaire contre celui qu'on leur fait aimer. Voulant être ce qu'on n'est pas, on parvient à se croire une autre chose que ce qu'on est et voilà comment on devient fou.
>
> [...] À tous ces titres, un roman, s'il n'est bien fait, au moins s'il n'est utile, doit être sifflé, haï, décrié par les gens à la mode, comme un livre plat, extravagant, ridicule, et voilà comment la folie du monde est sagesse[20].

En 1828, un critique de *La Minerve* qui atteste qu'en lisant *Cécile* par E. Jouy, «nous nous sommes sentis très souvent les yeux mouillés de larmes involontaires au point d'être obligé de suspendre notre lecture», ne peut faire autrement que de conclure:

> Sans que l'on nous accuse de nous ériger en moralistes sévères, en censeurs moroses, il sera bien permis de faire observer que le plus grand danger des romans est de présenter aux imaginations vives un plaidoyer passionné en faveur des sentiments naturels contre les convenances de la société [...] Quelle que soit la conclusion, quelqu'utile moralité que l'on en puisse déduire, le mal est fait par une trop vive excitation de sentimens (sic)[21].

En 1846, Étienne Parent:

> Les peintures de mœurs que vous offrent les feuilletonistes français se rapportent à un état de société si différent du nôtre qu'elles ne peuvent que fausser vos idées dans les applications que vous voudrez en faire et ce sera un grand mal; mais la plupart du temps vous serez transporté dans un monde fantastique où tout sera exagéré, chargé,

---

20) Ludger Duvernay, *Sur les romans* dans *La Gazette des Trois-Rivières*, 14 octobre 1817.

21) *La Minerve*, 9 juin 1828.

caricaturé de telle sorte que le lecteur européen lui-même ne s'y pourra reconnaître[22].

En 1849, *L'Abeille* du Petit Séminaire de Québec:

> Nous insistons avec ce correspondant contre la lecture des romans qui flattent il est vrai l'imagination, mais amolissent et énervent le cœur et le dégoûtent peu à peu des lectures solides et instructives.
>
> Ces sortes de livres, a dit l'abbé Gérard par la bouche du Marquis de Valmont apprennent à voir les choses comme on les imagine; à les croire telles qu'on les désire; ils peignent le vice sous des couleurs agréables qui le déguisent; ils effacent par le brillant coloris des fausses vertus, l'éclat des vertus réelles et mettent un honneur chimérique à la place du véritable honneur qu'ils rendent méprisable[23].

En 1873, *L'Opinion publique*:

> Une jeune fille est tout à fait désappointée parce qu'elle ne trouve pas dans son mari le héros de roman auquel ses lectures l'avaient fait si longtemps rêver. Il peut en résulter son malheur et quelquefois sa honte[24].

En 1881, J.A.N. Provencher:

> Les romanciers à sensation spéculent depuis longtemps sur les regrettables instincts de l'humanité. La passion du merveilleux, l'attrait de l'inconnu, la nostalgie du danger sont innés dans la nature humaine [...] Aux E.U. combien de jeunes gens, d'enfants, ont rêvé de se faire pirates ou chasseurs de chevelures pour avoir lu les ouvrages de Fenimore Cooper ou du capitaine Maryatt? Et quelques-uns ont réussi[25].

---

22) Étienne Parent, *Importance de l'Étude de l'Économie politique* dans *La Revue canadienne*, 24 novembre 1846.

23) *L'Abeille*, 15 mai 1849.

24) *L'Opinion publique*, 16 juin 1873.

25) J.A.N. Provencher, *L'Assassinat dans le roman*, dans *L'Opinion publique*, 29 septembre 1881.

En 1888, Joseph Desrosiers reproche à des auteurs comme Madame Ernest Hello (Jean Lander), la comtesse de Ségur, la vicomtesse de Pitray, Madame Emmeline Raymond «la persistance avec laquelle elles mettent en scène des jeunes filles pauvres qui finissent par épouser des princes ou des millionnaires. Les jeunes imaginations seraient trop portées à se bercer d'un tel rêve[26]».

En 1892, *Le Glaneur* va encore plus loin dans sa condamnation du roman en mettant le lecteur en garde non seulement contre ses effets moraux mais physiques:

> Je disais que la mauvaise lecture est une source de maux au moral mais le physique même en est souvent affecté. Quand j'aperçois une jeune fille à la démarche nonchalente, aux yeux languissants et perdus dans le vague, à l'attitude affaissée, je me dis: voici certainement une grande liseuse, une liseuse assidue[27].

* * *

On reproche encore au roman d'avilir la femme et l'amour. F.-X. Demers a particulièrement bien développé ce point de vue:

> Le roman [...] s'attaque surtout aux femmes dont il a la prétention de peindre les sentiments, les pensées et les mœurs. Il n'est point l'idéalisation mais le travestissement de tout ce qui émane d'elle et c'est là ce qui constitue avant tout le caractère de perversité de ces sortes d'écrits. À ce point de vue, il n'est pas seulement antireligieux, il est de plus anti-social, parce qu'il mène au mépris de la femme en la prostituant au vice, dans la personne de ses héroïnes qu'il suppose être formées à sa ressemblance et en lui déniant la vertu [...]
>
> Le principal agent qu'emploient les romanciers pour varier leurs récits, pour nouer ou dénouer leurs intrigues est l'amour, non cet amour vrai qui habite les régions supé-

---

26) Joseph Desrosiers, *Le roman au foyer chrétien*, dans *Le Canada français*, I (1888), p. 217.

27) *Le Glaneur*, II (1892), p. 167.

> rieures de l'âme et ne vit pas par les sens [...] mais la sensation physique qui trouble toutes les facultés, qui rabaisse et déprave [...] L'amour qu'ils invoquent et qu'ils mettent en scène en épuisant les dernières ressources de leur art n'est qu'un roué qui se plonge dans la fange et n'estime que des satisfactions de la chair[28].

Aussi le roman d'amour subit-il les foudres du Père Lacasse:

> Jamais vous ne lirez de romans d'amour où vous ne voyez pas que les personnages aient été à la messe ou à confesse. Celles qui lisent ces livres sont des têtes légères qui se créent dans leur imagination un monde idéal, ce qui les rendra malheureuses en ce monde et en l'autre[29].

Un auteur de *La Semaine religieuse de Québec* se réclame du IVe Concile de Québec[30] pour condamner lui aussi le roman d'amour. Dans un article sous forme de questions-réponses, il s'exprime ainsi:

> — (Les Pères du Concile) Permettent-ils la lecture des romans d'amour?
> Non seulement, ils ne la permettent pas, mais ils engagènt tous ceux qui ont charge d'âmes à faire tout en leur pouvoir pour détourner leurs ouailles de ces livres véritablement empoisonnés.
> — Cette qualification «véritablement empoisonnée», se trouve-t-elle dans le texte?
> Certainement.
> — D'après eux, les romans d'amour ne valent guère mieux que les premiers?
> Les romans d'amour, disent-ils, offrent quelquefois un grave danger à ceux qui les lisent, et surtout aux jeunes gens. Ils renferment le plus souvent un poison caché qui est d'autant plus préjudiciable qu'il est plus déguisé[31].

---

31) *La Semaine religieuse de Québec*, 11 avril 1891, p. 381.

28) François-Xavier Demers, *Le Christianisme dans l'histoire*, dans *La Revue canadienne*, XIV (1877), p. 166.

29) Zacharie Lacasse, o.m.i., *Le Prêtre et ses détracteurs*, p. 239.

30) *Concilia Provinciae Quebecensis,* p. 200.

Mais, pour sérieuses qu'elles soient, ces condamnations du roman d'amour ne semblent pas justifier l'avis de critiques actuels fort compétents et très appréciés par ailleurs, qui, comme M. Gilles Marcotte, laissent entendre que l'amour est ce «qui tient le moins de place dans le roman canadien-français et que les auteurs le traitent en rechignant, à seule fin, avouent-ils, de dorer la pilule»[32], ou comme M. Van Schendel, que «la peur de l'amour au Canada français, conduit à la négation du roman[33]».

Il n'est pas du ressort d'un ouvrage comme celui-ci de vérifier la place de l'amour dans le roman lui-même, encore qu'on peut tout de même constater que le sujet tient un rôle important dans *Les Fiancés de 1812* où d'après Edmond Lareau, «la passion dominante que l'auteur a voulu développer c'est l'amour»[34], et dans *Hélika* de Deguise, un roman où «le héros a des passions violentes [...] l'amour l'empoigne»[35], au dire du même critique, et que ni *Charles Guérin* ni *Les Anciens Canadiens*, ni *Jean Rivard*, ni les romans de Marmette pour n'indiquer que les plus connus, n'hésitent à donner à l'amour un rôle fort respectable.

Mais ce qui infirme davantage l'argument de ces critiques, c'est de constater le silence relatif de la critique de l'époque sur les dangers de l'amour alors qu'elle se propose justement d'exposer les méfaits du roman. Si l'on avait eu une telle peur de l'amour, si l'on avait été obsédé par les dangers qu'il présente dans les œuvres romanesques, ne croit-on pas que les romans français qui affluaient ici auraient abondamment servi d'exemples pour les dénoncer? Et pourtant si l'on s'inquiète de ces dangers, on ne s'en alarme pas au point de signaler le péril avec la vigueur que le laisserait supposer l'affirmation de MM. Marcotte et Van Schendel?

L'attitude de l'opinion canadienne-française sur l'amour dans le roman nous paraît contredire encore plus l'argument de ces écrivains quand, au nombre restreint de documents sur les

---

32) Gilles Marcotte, *Une littérature qui se fait*, p. 15.

33) Michel Van Schendel, *L'Amour dans la littérature canadienne-française*, dans *Littérature et société canadienne-française*, p. 156.

34) Edmond Lareau, *Histoire de la littérature canadienne*, p. 281.

35) *Ibid.*, p. 324.

dangers de l'amour s'ajoute l'absence quasi complète de condamnation de l'amour lui-même dans le roman. La chose peut surprendre si l'on compare la critique canadienne à la critique française du XVIIIe siècle[36], qui, elle, condamne le roman d'abord et avant tout à cause de la peinture de l'amour: «Si le roman fut si régulièrement accusé d'immoralité, non seulement au XVIIIe siècle mais bien plus tard encore, c'est pour une raison qui tient au rôle privilégié qu'y joue l'amour»[37], déclare Georges May et il ajoute un peu plus loin: «Il ne s'agit même pas de savoir si l'amour, qui fait le sujet du roman, est dans la réalité permis ou interdit par les lois morales, civiles ou religieuses. Il suffit que le roman ait comme sujet l'amour pour qu'il soit automatiquement suspect de corruption et donc pour qu'on le condamne[38]». L'accord sur ce point de la Compagnie de Jésus avec la pensée janséniste, celle de l'auteur de *Candide* et même de la *Marquise de Lambert*, montre à quel point la condamnation du roman, à cause de la seule peinture de l'amour, est un lieu commun couramment accepté en France. Ici, au contraire, la peinture de l'amour chaste et fidèle est souvent un argument en faveur de la moralité du roman. À propos de *La Fille du brigand*, Edmond Lareau écrira:

> C'est d'abord une lecture honnête: il n'y a pas une jeune fille qui ne puisse lire la Nouvelle de l'Écuyer. Je ne promets pas qu'elle y trouvera des scènes émouvantes, des situations dramatiques, encore moins ce sel piquant et cet élégant badinage qui distingue les romanciers français, mais elle y trouvera sa propre histoire, celle d'une jeune fille qui [...] tombe entre les mains de brigand qui l'adopte comme sa fille, et qui est frappé à la vue d'un jeune homme allumant dans son pauvre cœur de 18 ans l'incendie souvent désastreux de l'amour[39].

---

36) Nous prenons à dessein comme terme de comparaison la France du XVIIIe siècle qui, au seul point de vue moral, offre plus d'analogie avec la mentalité canadienne-française que celle du XIXe siècle où seul le parti catholique défendait des positions semblables aux nôtres.

37) Georges May, *Le dilemme du roman au XVIIIe siècle*, p. 24.

38) *Ibid.*, p. 27.

39) Edmond Lareau, *Histoire de la littérature canadienne-française*, p. 238.

et de *Juliana*, un roman canadien inédit, *La Revue canadienne*:

> Juliana est une infortunée que son mari a abandonnée, le cas n'est malheureusement ni nouveau ni rare parmi nous.
>
> L'auteur nous montre à quelles luttes terribles, à quelles angoisses incessantes la pauvre abandonnée est exposée.
>
> C'est une situation cruelle que celle où se trouve son héroïne et cependant, elle n'oublie pas qu'elle a juré fidélité à celui dont elle porte le nom, elle tient son serment noblement, simplement. Elle prie et Dieu [...] lui envoie le calme et l'apaisement [...]
>
> C'est là, on le voit, une œuvre morale. Ajoutons qu'il est impossible après l'avoir lue de conserver le moindre doute[40].

On aurait tort, semble-t-il, de croire que la peur de l'amour a profondément marqué la littérature canadienne-française et qu'elle fut le motif capital pour condamner le roman. On a dénoncé le danger, certes, mais comparativement aux autres risques signalés, on ne s'en est pas ému outre mesure.

On a également souligné que le meurtre et le suicide avaient souvent pour cause la lecture des romans. D'après Herculc Beaudry, l'auteur du populaire *Conseiller du peuple*:

> Nous avons un triste exemple de l'influence des mauvaises lectures dans ce jeune homme qui, il n'y a que quelques mois, a subi sur l'échafaud à Trois-Rivières, la peine capitale. Coupable du crime atroce d'avoir tué sa propre mère, il n'a jamais donné la moindre marque de repentir. En face de la mort, il a refusé tout secours de la religion et a quitté la vie en blasphémant. Quelqu'un qui l'avait bien connu, nous a appris par les journaux, que ce malheureux était adonné aux mauvaises lectures[41].

Le Journal du dimanche écrit à son tour:

---

40) *La Revue canadienne*, nouvelle série, V (1885), p. 107.
41) Hercule Beaudry, *Le Conseiller du peuple*, p. 118.

> L'an dernier, les journaux de Montréal rapportaient le suicide d'une jeune fille dont le père était un homme très à l'aise. Cette jeune fille était belle et recherchée.
>
> Livrée à elle-même, elle lisait des romans et des drames, et cette vie accidentée, fiévreuse, délirante, impossible [...] lui faisait trouver prosaïque, insupportable, horrible, une vie que bien des jeunes filles, privées des mêmes avantages, auraient trouvé si douce et si belle.
>
> Elle se lassa de son bonheur et un jour on la trouva empoisonnée, un roman à ses côtés; et puis une lettre pleine d'invectives romanesques, empruntée à ses lectures favorites[42].

Et le Père Lacasse de conter la triste fin d'« une jeune fille [...] élevée pieusement [qui] s'amusait à lire des romans à dix cents et à cinq cents en disant à sa mère qu'elle ne voyait pas de mal dans ces livres d'amour. Un jour, elle s'empoisonna, revêtue d'une belle robe de noce pour imiter une héroïne de roman et mourir d'une façon sublime[43] ».

Même le terrible Duroc de *Canada-Revue* entre, lui aussi, dans le jeu et range parmi les malfaiteurs publics, l'auteur de *Pour la Patrie*, Jules-Paul Tardivel, ce défenseur des nobles causes! Mais on sent alors ici l'ironie et le sarcasme! En effet, le roman racontait comment le diabolique Monterval avait cherché à se débarasser du patriote député Lamirande en faisant dérailler le train d'Ottawa. Or, prétend Duroc, le roman a fait école puisque les journaux rapportaient que Laurier avait été victime d'une semblable tentative. Et Duroc de conclure:

> Il faudrait être bien aveugle pour ne pas voir tout ce qu'il y a de coïncidence entre les deux choses.
>
> Il est temps de mettre un terme à ce fléau [...] et arrêter ces tentatives de réalisme désastreuses pour l'esprit du peuple[44].

---

42) *Le Journal du dimanche*, 8 novembre 1884.

43) Zacharie Lacasse, o.m.i., *Dans le camp ennemi*, p. 114.

44) Duroc (pseudo de Marc Sauvalle), *Mauvaises lectures,* dans *Le Réveil*, III (1895), p. 50.

* * *

Exalter l'imagination, avilir la femme, engendrer le crime, tels sont les reproches précis dirigés contre le roman. Mais on pourrait multiplier les griefs plus généraux, plus vagues à l'adresse du roman, depuis cette affirmation pour le moins tendancieuse du Père Lacasse: «Sainte Thérèse a vu la place qu'elle devait occuper en enfer pendant toute l'Éternité, si elle eût continué à lire des romans, et les romans d'alors n'étaient pas si méchants que ceux d'aujourd'hui»[45], jusqu'à ce raisonnement de Henri Noiseux qui pourrait servir à un professeur de rhétorique pour illustrer les «vices du raisonnement» dans un discours:

> Un tableau frappant fera comprendre l'action pernicieuse du roman sur le peuple [...] Prenons deux peuples: l'un le peuple parisien qui s'est nourri de la lecture des romans et l'autre, le peuple vendéen qui n'a pas subi l'atteinte des livres malsains; comparons leurs actions pendant le siècle dernier et voyons un peu quelle conclusion nous pouvons tirer de leur conduite[46].

Qu'il nous suffise de grouper ces griefs sous trois titres: le roman s'attaque à la religion, à la famille, à la société, et de les présenter en citant, pour des époques différentes, des autorités reconnues du monde littéraire ou de la vie religieuse:

En 1866, Faucher de St-Maurice s'inquiète de l'influence délétère que le roman exerce inconsciemment sur le lecteur:

> De bon et affectueux, le mari devient [...] morose et inquiet, car il a lu [...] que la famille n'était qu'un mot; [...... son épouse, abandonnée], pleure sur les malheures (sic) imaginaires de MM. Athos, Aramis, Porthos et d'Artagnan; [...] le marmitton fougeux (sic) et enthousiaste rêvant à ces beaux temps de la Révolution française décrits par M. Alexandre Dumas, [...] dit que si l'occa-

---

45) Zacharie Lacasse o.m.i., *Dans le camp ennemi*, p. 114.

46) Henri Noiseux, *L'Action malsaine du roman*, dans *La Revue canadienne*, troisième série, II (1889), p. 86.

> sion se présentait de ressaisir encore la bascule de la guillotine, il se garderait bien de ne pas y manquer, [enfin, conclut l'auteur,] le roman [...] fait pencher mélancoliquement l'âme vers le mal, [...] l'irreligion et quelquefois [...] le bagne[47].

En 1894, une lettre pastorale des Archevêques et Évêques de la Province de Québec sur l'éducation comporte les remarques suivantes à l'endroit du roman:

> Que de jeunes personnes vont puiser dans ces lectures malsaines un poison mortel pour leur âme! Elles cherchent une distraction, un passe-temps, la formation littéraire et elles y trouvent la ruine ou du moins un affaiblissement considérable de leur foi, une atteinte grave à la pureté de leur cœur [...]. Et il y a des libraires assez pervers pour faire venir de l'Europe de ces publications immondes, romans et journaux, qui vont même jusqu'à les vendre au premier venu, aux jeunes filles, à des enfants de quatorze ou quinze ans et qui empoisonnent ainsi nos populations [...]
>
> C'est donc pour nous un devoir grave de conscience [...] comme c'est pour vous une obligation [...] d'interdire absolument sous votre toit [...] la lecture [...] des mauvais livres et des romans dangereux[48].

III

En dénonçant les dangers qu'offrait le roman, on aura remarqué que, dans la plupart des cas, on ne vise que le roman immoral, que la littérature obscène; on ne veut pas nécessairement condamner tous les romans mais ceux-là seulement qu'on juge pernicieux. Toutefois, devant les scandales provoqués par une telle

---

47) Faucher de St-Maurice, *L'homme de lettres*, dans *La Revue canadienne*, V (1868), p. 442.

48) *Lettre pastorale de NN. SS. les Archevêques et Evêques sur l'Éducation*, le 19 mars 1894, dans *Mandements (...) de Mgr L.F. Laflèche, second évêque de Trois-Rivières*, vol. V, appendice, p. 12.

littérature, on avait tendance à se montrer encore plus exigeant et à condamner le genre lui-même.

Le roman a-t-il été vraiment considéré comme immoral en soi? Si l'on y regarde de près, il ne semble pas, à consulter les documents de l'époque, qu'on puisse parler d'une condamnation formelle et absolue. Mais qu'en pratique on se soit comporté comme si, voilà qui paraît plus probable et serait à vérifier. Examinons d'abord la période qui se termine en 1870 où les condamnations catégoriques sont assez éloquentes.

Dès 1817, Ludger Duvernay avouait:

> Mon goût n'est pas pour les romans. Leur lecture est un temps perdu: outre que le cœur en est souvent corrompu, [...] les combats du démon et du monde trompeur ne sont que trop véhéments, sans entreprendre de leur donner un nouvel avantage sur nous. Vous savez, madame, que les Pères ont de tout temps défendu la lecture des romans, par le danger auquel l'un et l'autre sexe sont sans cesse exposés. Le bon sens et la prudence veulent que l'on ne s'abandonne qu'aux lectures capables de réformer les mœurs[49].

En 1845, *La Revue canadienne* rapportait un discours sur le travail prononcé à l'Institut canadien, où l'auteur s'exprimait ainsi:

> Si [...] vous voulez reposer [...] votre esprit [...] n'allez pas chercher le repos [...] dans la lecture des romans. [...] Il est si rare d'en trouver de bons qu'il vaut mieux n'en pas lire du tout. Dans presque tous les romans du jour (et les exceptions sont bien rares) le héros qui vous occupe est toujours embarrassé dans des situations inouies [...] Vous ne pouvez en retirer aucun profit pour vous-même[50].

---

49) Ludger Duvernay, *Lettre curieuse dans laquelle on ne fait point entrer la lettre*, dans *La Gazette des Trois-Rivière*, 26 août 1817.

50) *La Revue canadienne*, 15 novembre 1845.

En 1853, un article de *L'Abeille*, journal du Petit Séminaire de Québec, intitulé *Conseils à des Finissants* déclarait:

> Il est encore un écueil où la vertu a fait bien des naufrages, je veux parler des romans. C'est en vain que vous prétendez demeurer vertueux, si vous vous adonnez à la lecture des livres infâmes qui ne sont propres qu'à exciter les passions, qui font de l'impiété une vertu, qui donnent le nom de courage et de grandeur d'âme à la lâcheté et à la bassesse, qui changent la vertu en vice et le vice en vertu. Les romans sont d'autant plus dangereux qu'ils présentent la passion sous des apparences si séduisantes qu'on ne peut y résister. Ils corrompent le cœur; ils dégradent les sentiments. Combien qui étaient appelés à de hautes destinées et qui devaient faire la gloire de leur patrie, tandis que, par la lecture des mauvais livres, ils en sont devenus l'opprobe[51].

Le Supérieur du Collège de St-Hyacinthe dans un discours sur l'*Importance des Études classiques*, prononcé en 1854, s'exprimait en ces termes:

> Oh! je vous en conjure, ayez en horreur toutes ces brochures de toutes les formes et de toutes les couleurs qui s'étalent aux vitraux des libraires [...] Que renferment ces amas de feuilles imprimées? des romans, de prétendues esquisses de mœurs, des futilités de tous genres où souvent la bizarrerie de la forme le dispute à la misère du fonds.
> [...] Je ne me sens même pas porté à l'indulgence, du moins pour le plus grand nombre d'entre eux, en faveur des romans religieux. Je ne veux pas blesser le zèle qui les a introduits pour faire passer les enseignements du christianisme dans une partie de la Société qui n'aurait peut-être pas voulu les chercher ailleurs. Je doute pourtant que le succès ait correspondu à l'intention et je serais aise de connaître les noms d'hommes convertis par des romans. On sent que ces paroles ne s'appliquent pas à des

---

51) *L'Abeille*, 10 novembre 1853.

> ouvrages comme *Fabiola* dont le fonds est historique et dont la forme si admirable en elle-même n'est qu'une trame qui lie dans une même action les faits les plus héroïques de l'histoire des martyrs[52].

Le document le plus décisif à ce sujet est consigné dans des notes manuscrites de Prosper Vincent, ecclésiastique du Grand Séminaire de Québec. Ce jeune homme résumait les sermons de l'abbé Collin, sulpicien de Montréal et prédicateur recherché. En un sens, ces notes exigent une interprétation: il s'agit d'un résumé de sermon pour usage personnel, non d'un ouvrage destiné à la publication. Prosper Vincent a-t-il traduit la pensée exacte du prédicateur? En a-t-il inconsciemment omis des nuances? Par contre, si le texte est digne de foi, il peut être de conséquence, car le père Collin s'adressait à des futurs prêtres appelés à exercer beaucoup d'influence morale sur le peuple. De plus, on peut présumer que ces sermons ont dû être maintes fois répétés par ce prédicateur de carrière. On nous permettra de citer au complet ces notes qui, en raison de leur caractère privé, sont peut-être moins connues.

> «Quocumque die comederis ex eo, morte morieris.» «Au jour où vous mangerez de ce fruit, vous mourrez.»
>
> Ce fruit qui donne la mort, ce sont les productions impies et immorales auxquelles nous donnerons le nom de roman. Considérons le roman 1° en lui-même, 2° dans son auteur, 3° dans les effets qu'il produit.
>
> 1° En lui-même, le roman mérite nos dédains puisque le plus souvent il pèche contre la règle de l'art, de la morale et du goût et qu'il outrage le lecteur.
>
> 2° Dans son auteur, le roman n'est qu'un produit de la haine. Cet auteur sait que cette page qu'il écrit sera lue par des milliers de personnes et pourtant il écrit. Il sait quels désastres affreux va produire cette œuvre immorale, il sait les pleurs que coûteront à des mères chrétiennes

52) J.S. Raymond l'*Importance des Études classiques* dans *Foyer canadien,* tome IV, pp. 152, 153.

ces pages qui distillent le venin le plus subtil, et cependant il écrit afin de satisfaire ces jeunes cœurs avides de ces lectures si dangereuses: il ne recule pas devant le mal affreux qu'il va produire et par là il montre combien il hait véritablement ceux à qui il cause des malheurs déplorables.

3° Dans ses suites: le roman produit la mort: quocumque die comederis, morte morieris: vous mourrez de mort au jour où vous toucherez ce fruit défendu. Cette mort est à la fois celle du corps et celle de l'âme: celle du corps en ce sens que par la suite de la lecture des romans, on se livre à la débauche et on périt, victime de la volupté. C'est aussi la mort de l'âme car le cœur se corrompt en même temps que le corps s'affaiblit et comme on n'a pas le courage de revenir à Dieu à ses derniers moments, on est séparé de lui pour toute l'éternité.

Donc puisque le roman en lui-même n'est qu'une injure faite à l'homme, puisque dans son auteur, c'est la haine la plus déclarée, puisqu'enfin il produit la mort du corps et de l'âme, ayons le roman en horreur: ne mangeons point de ce fruit défendu et Dieu pour nous récompenser de ces sacrifices faits à son amour, nous enivrera dans le ciel de ses plus ineffables délices[53].

Si certains hommes d'Église, en pratique, ont paru condamner le roman, il n'en est pas ainsi de l'Église officielle qui, dans le 8e décrèt du IVe Concile de 1868[54], met les fidèles en garde contre les romans obscènes ou impies, mais ne condamne pas le genre romanesque lui-même. D'ailleurs, les évêques ont suggéré à maintes reprises qu'on diffuse la lecture des bons romans pour enrayer celle des mauvais.

Aussi, ce ne serait pas refléter, croyons-nous, l'opinion de l'époque, que de prétendre à une condamnation formelle du genre. Les oppositions les plus radicales au roman ne viennent guère que de jeunes gens tels l'abbé Vincent, simple séminariste,

---

53) Prosper Vincent, Notes manuscrites, 5 décembre 1867.
54) Concilia Provinciae Quebecensis, p. 200.

et Ludger Duvernay, à peine âgé de vingt ans à l'époque, ou du moins, proviennent d'adultes qui s'adressaient à des jeunes gens. D'ailleurs, dès 1862, *L'Écho du Cabinet de lecture paroissial* était explicite:

> Nous n'avons point recours à ces autorités (il s'agit d'écrivains français) pour prétendre surtout condamner le roman d'une manière formelle et absolue. C'est un genre littéraire comme un autre et qui est même passablement ancien puisqu'il remonte aux premiers jours de la littérature grecque [...].
>
> Il n'en n'est pas moins vrai, cependant, que la plupart des littératures revendiquent quelque chef-d'œuvre en ce genre; ce qui prouve surabondamment que cette forme littéraire peut être bonne et qu'elle vaut tout juste ce que vaut celui qui l'emploie [l'auteur nomme *Atala, René, Paul et Virginie,* les romans de Walter Scott, Cervantes, Cooper, Henri Conscience, [...]
>
> Certes si tous les romans de nos jours ressemblaient à ces chefs-d'œuvre ou du moins étaient aussi inoffensifs que *Charles Guérin*, nous n'aurions pas besoin de jeter l'alarme[55].

* * *

Après 1870, si l'on n'ose plus condamner le roman comme un genre immoral en soi, on en atténue à peine l'affirmation, en disant qu'il est « un mal nécessaire », dont on peut tirer du bien, à condition de ne l'aborder qu'avec une infinité de précautions.

La Revue canadienne s'exprime ainsi:

> Toutes les mères ne sont peut-être pas assez en éveil quant à la lecture des romans dont « le meilleur ne vaut rien pour une jeune fille » a dit M. Xavier de Montépin condamnant ses propres œuvres lorsqu'elles étaient moins

---

55) *Écho du Cabinet de lecture paroissiale*, 15 février 1862.

mauvaises que celles qu'il produit aujourd'hui[56].

La Semaine religieuse de Québec, en 1890:

> On demandera peut-être comme conclusion pratique: Peut-on conseiller la lecture des romans de M. Octave Feuillet? Peut-on du moins la permettre facilement? Non certes: les meilleurs ne peuvent guère être utiles et quelques-uns sont dangereux. C'est un monde chimérique où le cœur s'amollit [...]. Les romans de M. Octave Feuillet, tout en soutenant d'excellentes théories, tout en donnant d'admirables leçons et en évitant les peintures qui pourraient blesser les bienséances et le goût, laissent dans l'imagination et la sensibilité des impressions désastreuses.
>
> (Et *La Semaine* ajoute:) Si ce sont là les effets des romans qui respectent la religion, la morale, la grammaire et la littérature, que doit-on penser de la lecture des autres?[57]

Enfin, J.-P. Tardivel proclame dans la préface de *Pour la Patrie*:

> Le roman, surtout le roman moderne et plus particulièrement encore le roman français me paraît être une arme forgée par Satan lui-même pour la destruction du genre humain. Et malgré cette conviction, j'écris un roman! Oui, et je le fais sans scrupule, pour la raison qu'il est permis de s'emparer des machines de guerre de l'ennemi et de les faire servir à battre en brèche les remparts qu'on assiège [...].
>
> Le roman est donc, de nos jours, une puissance formidable entre les mains du malfaiteur littéraire. Sans doute, s'il était possible de détruire, de fond en comble, cette terrible invention, il faudrait le faire pour le bonheur de l'humanité; car les suppôts de Satan le feront toujours servir beaucoup plus à la cause du mal que les amis de

---

56) *La Revue canadienne*, troisième série, II (1889), p. 547.
57) *La Semaine religieuse de Québec*, no 44 (1890), p. 698.

> Dieu n'en pourront tirer d'avantage pour le bien[58].

Mais, ces outrances de langage, ou ces jugements absolus, ont été régulièrement combattus par des critiques plus pondérés.

Jules Saint-Elme écrit dans *Le Monde illustré:*

> Qu'il y a des livres mauvais *per se* et que l'Église les défende, nous le savons, Dieu merci, et le jugeons très opportun, mais que le grand nombre ne soit mauvais que *secundum quid* et que des lecteurs disposés [...] à faire jaillir le bien du mal, puissent les lire avec profit, étant donné, bien entendu, la permission requise, nous ne sommes pas éloignés de croire la chose absolument conforme à la raison et à la saine morale[59].

Alphonse Gagnon dans *La Revue canadienne:*

> On ne saurait cependant proscrire tous les romans indistinctement. Il y en a de bien pensés et de bien écrits où l'honnêté et la vertu sont scrupuleusement respectées et dont la lecture laisse en nous une salutaire influence[60].

Mais à notre avis, c'est Joseph Desrosiers qui, dans *Le Canada français*, donne la note la plus juste. Son jugement reflète l'opinion saine et modérée des gens cultivés lesquels étaient souvent choqués des extravangances de langage d'une certaine critique et, ne pouvaient que se montrer heureux de recevoir enfin un exposé clair et positif sur la question. L'auteur veut manifestement réconcilier ses lecteurs avec le roman. Après avoir concédé que «la lecture assidue et passée en habitude» du roman peut comporter des dangers, il prend soin d'ajouter:

> Mais doivent-ils [ces dangers] faire rejeter absolument ce genre de littérature? Non si nous en croyons un grand nombre d'écrivains catholiques [...] qui ont montré le bien que le roman peut produire s'il est écrit dans un esprit chrétien.

---

58) Jules-Paul Tardivel, *Pour la Patrie*, pp. 5, 6.

59) Jules Saint-Elme, *Disgracieux*, dans *Le Monde illustré*, 18 juillet 1891.

60) Alphonse Gagnon, *Plaisirs de l'étude*, dans *La Revue canadienne*, IIIe série, II (1889), p. 359.

> Dans ce genre attrayant de littérature, on a vu un excellent moyen de répandre la bonne semence et de faire accepter des vérités et des leçons qui, présentées dans leur austère nudité, courraient risque d'être rejetées. Le roman peut ainsi réussir là où échouerait un traité sérieux de philosophie ou de religion[61].

L'auteur apporte, à l'appui de sa thèse, le témoignage d'une revue catholique, *The Dublin Review*, de même que ceux de Léon Gauthier, de Louis Veuillot et de nombreux écrivains sérieux qui l'ont prouvé en faisant des romans.

IV

Si l'on ne peut conclure en toute rigueur que le genre romanesque a été condamné par l'opinion commune, néanmoins est-il certain qu'on l'a tenu pour suspect. Aussi la lutte s'organise-t-elle dès le début contre l'immoralité d'un grand nombre de romans français.

À vrai dire, la lutte contre le roman prit, dès 1845, en accord avec l'idéologie catholique de l'époque, un aspect malgré tout positif et c'est en présentant des lectures de choix et des romans à la moralité reconnue qu'on prétendit détourner ou du moins distraire le lecteur de sa fringale pour la littérature de bas étage.

Mgr Ignace Bourget, de Montréal, peut être considéré à bon droit comme l'âme de ce mouvement d'envergure que fut, dès 1844, l'*Oeuvre des Bons Livres*, formée «pour défendre la Foi et les mœurs attaquées par des productions impies et immorales[62]». Cette œuvre, affiliée à l'*Archiconfrérie de l'Oeuvre des Bons Livres de Bordeaux*, était une association fort bien structurée qui prit, quelques années plus tard, en 1857, le nom de *Cabinet de Lecture*. Elle se préoccupe surtout de fonder une bibliothèque, un cercle littéraire, et une revue, l'*Écho du Cabinet de lecture paroissial*.

---

61) Joseph Desrosiers, *Le roman au foyer chrétien*, dans *Le Canada français*, I (188), p. 209.

62) *Mandements*, [...] *publiés dans le diocèse de Montréal*, t.I, p. 304. [...]

La *Bibliothèque des bons livres*, qu'on appelait aussi la *Bibliothèque paroissiale de Montréal*, fut une entreprise importante. Après un an d'existence, en janvier 1846, 700 familles avaient emprunté plus de 25,000 livres[63]. En 1847, la bibliothèque comptait près de 5,000 volumes[64], et, en 1854, *La Minerve* prétend que «les ouvrages qui dominaient sont les ouvrages amusants» et que «pas moins de 400 à 500 de ces livres sont mis en circulation chaque mois[65].»

À partir de 1850, les évêques du Canada s'efforcèrent, eux aussi, d'établir dans leur diocèse respectif des bibliothèques paroissiales et une circulaire des évêques de Sidyme, de Montréal et de Bytown, en recommande l'établissement, «chaque paroisse ou mission pouvant, ce nous semble, avoir la sienne[66]». Les Conciles provinciaux de 1854 et 1868 réitèrent les mêmes pressantes exhortations, joignant au surplus un règlement disciplinaire très détaillé pour l'organisation de ces bibliothèques[67].

À son tour, vers les années 1880, le *Cercle catholique de Québec* s'occupa de fonder des bibliothèques et de propager les bons livres; il prolongeait ainsi l'action commencée, dès 1848, par *l'Institut canadien de Québec*, qui, à l'encontre de celui de Montréal, exerça toujours une minutieuse censure des livres et romans de sa bibliothèque[68].

Si à la création des *Bibliothèques de bons livres*, on ajoute la publication des «bons romans» et «feuilletons» dont la plupart des journaux et revues de l'époque attestent expressément la parfaite moralité, si l'on songe aux nombreuses librairies qui s'engagent à n'éditer ou ne vendre que des ouvrages approuvés sous le rapport religieux et moral, aux articles de revues où l'on suggère des listes de romans recommandés aux bibliothèques paroissiales,

---

63) *Mélanges religieux*, 22 janvier 1847.

64) *Loc. cit.*

65) *La Minerve*, 9 novembre 1854.

66) *Mandements, Lettres pastorales* [...] *publiés dans le diocèse de Montréal*, t.II, p. 116.

67) *Mandements des Évêques de St-Hyacinthe*, vol. I, p. 157.

68) Charles Vincelette, *Correspondance*, Archives du Séminaire des Trois-Rivières, B.2V. 158.

on constatera que la lutte pour enrayer les dangers moraux du roman fut, jusqu'en 1870, positive et efficace.

* * *

Mais à partir de 1870, l'accent fut mis davantage sur les condamnations plus explicites des romans ou des journaux qui les publiaient. On saura pourquoi, si l'on pense que cette lutte coïncide avec l'importation et la diffusion, au Canada français, de romans naturalistes.

Il n'y a pas eu de proscription légale du roman, comme il y en eut une en France, par exemple, où à partir de 1738, « la publication des romans est soumise [...] à un régime d'exception qui équivaut presque à une interdiction pure et simple[69] ». Le seul texte de loi qu'on peut relever, ici, à ce sujet, date de 1849 et s'énonce ainsi :

> [Il est] « résolu qu'il est expédiant [sic] de prohiber l'importation en cette province des articles suivants savoir :
>
> livres et dossiers immoraux et indécents
> monnaie de faux aloi et contrefaite[70].

Comme on le voit, les livres immoraux sont visés, mais qu'en a-t-il été de l'application pratique de la loi ? A-t-elle servi à empêcher l'entrée du roman ? La chose n'est guère possible à vérifier.

La seule censure qui s'exerça fut celle de l'Index, qui, on le comprendra, devait avoir, dans un pays catholique, beaucoup plus d'efficacité qu'une simple proscription légale. Mais il est à noter qu'à une exception près[71], jamais les évêques du pays ne s'autorisèrent de leur droit de prohiber des romans ou feuilletons. Ils se contentèrent de mettre en vigueur les condamnations portées par Rome.

---

69) Georges May, *Le dilemme du roman au XVIIIe siècle*, p. 78.

70) *L'Avenir*, 25 avril 1849.

71) H. Têtu et C.-O. Gagnon, *Mandements, Lettres pastorales* [...] *des Évêques de Québec,* nouvelle Série, t. II, p. 324.

Dès 1858, Mgr Bourget attira l'attention des prêtres sur les lois de l'Index[72], mais, jusqu'en 1869, ces lois ne furent appliquées que pour la *Bibliothèque de l'Institut canadien* et semblaient concerner plutôt les ouvrages doctrinaux que les romans. C'est à partir de 1872 qu'on rappellera régulièrement dans les différentes revues les lois de l'Index et qu'on y recourra pour condamner tel ou tel auteur. À cette époque, M. Moinier, dans *L'Opinion publique*, s'exprime ainsi: «Par le passé nous nous sommes montrés un peu oublieux sous ce rapport [l'Index]. Il nous était venu de France une prétention gallicane de n'être pas soumis aux décrets de l'Index; quels dommages ne nous a pas causés cette fausse prétention[73]».

En plus des censures ecclésiastiques, la lutte contre le roman s'exerça par la dénonciation des journaux qui publiaient des feuilletons ou des romans jugés pernicieux.

C'est ainsi que le *Courrier des États-Unis,* publié à New York, fut officiellement condamné par Mgr Taschereau de Québec[74], Mgr Bourget de Montréal, et Mgr Moreau de St-Hyacinthe[75], et ce, après une vigoureuse campagne menée par Tardivel (78), dans *La Vérité,* et par Charles Vincelette, président du *Cercle catholique* de Québec[76].

Thomas Chapais dénonçait à son tour, le 11 juin 1885, la revue *Vie populaire* «qui paraît deux fois la semaine et contient tous les romans à succès qui paraissent à Paris, tous les chefs-d'œuvre de la littérature moderne[77]». Il cite comme romans à condamner, déjà parus dans la revue, *René Maurepin*, des frères

---

72) *Mandements, Lettres pastorales* [...] *publiés dans le diocèse de Montréal*, T.III, p. 375.

73) *L'Opinion publique*, 6 juin 1872.

74) H. Têtu et C.-O. Gagnon, *Mandements, Lettres pastorales* [...] *des Évêques de Québec*, nouvelle série, t.II, p. 234.

75) *Mandements, Lettres pastorales* [...] *publiés dans le diocèse de Montréal*, tome IX, p. 466.

76) *La Vérité*, 27 octobre 1881.

77) Charles Vincelette, Correspondance, Archives du Séminaire des Trois-Rivières, 82. V. 158.

Goncourt et *L'abbé Tigrane, candidat à la Papauté*, de Ferdinand Fabre[78].

En septembre 1892, le même journaliste s'en prend à la *Bibliothèque française*, «qui a publié et jeté dans la circulation, une masse d'ouvrages immoraux. Romans de Georges Ohnet, d'Octave Feuillet, d'Alphonse Daudet etc., cette publication a vulgarisé tous les ouvrages dangereux[79]». Mais ni *Vie populaire* ni la *Bibliothèque française* ne furent l'objet de censures ecclésiastiques.

Il n'en fut pas de même de *Canada-Revue*, qui subit les foudres ecclésiastiques, pour avoir publié *Les Trois Mousquetaires*, de Dumas, mis à l'Index par Rome. Toute une polémique s'éleva au sujet des véritables motifs de la condamnation, la direction de la Revue prétendant que l'évêque voulait se venger, parce que la Revue avait dénoncé l'infamie de quelques-uns de ses prêtres. Chapais défendit encore ici la position de Mgr Fabre[80].

Aux censures ecclésiastiques, aux dénonciations des journaux s'ajoute la publication de listes de romans jugés dangereux ou à proscrire. Quant à Chapais, il considérait comme immoraux, en plus des romans déjà cités. *L'Assommoir* de Zola, *Monsieur de Camors*, de Feuillet, *Indiana*, de George Sand, la *Comtesse Sarah*, d'Ohnet, et *Mensonges*, de Paul Bourget[81]. Et *La Semaine religieuse* de Québec publie, en 1898, une liste imposante des auteurs à l'Index ou à proscrire. *La Semaine religieuse* de Montréal l'a reproduite, et nous croyons utile de la présenter ici:

> Mgr l'archevêque de Québec [...] recommande de renseigner les fidèles sur les noms des auteurs dont les ouvrages sont en catalogue de l'Index ou considérés comme dangereux. Pour faciliter cette tâche, il [l'archevêque] a fait préparer avec soin une liste de ces principaux malfaiteurs que nous reproduisons pour le bénéfice de nos lecteurs.

---

78) Thomas Chapais, *Mélanges*, p. 124.
79) Thomas Chapais, *Mélanges*, p. 133.
80) *Ibid.*, pp. 134-142.
81) *Ibid.*, pp. 131-132.

Auteurs dont les ouvrages sont à l'Index:
Balzac (de). Toutes ses œuvres. — Béranger. Chansons. — Dumas (Alexandre père et fils). Tous leurs romans: la question du divorce. — George Sand. Toutes ses oeuvres. — Hugo (Victor). Notre-Dame de Paris; Les Misérables. — Kardeck (Allan). Les ouvrages sur le spiritisme. — Lamartine. Souvenir; Impressions; Pendant un voyage en Orient; Jocelyn; La chute d'un ange. — Larousse. Grand Dictionnaire universel du XIX siècle. — Murger (Henri). Tous ses romans. — Renan. Presque tous ses ouvrages. — Sue (Eugène). Toutes ses oeuvres. — Voltaire. Ses oeuvres, excepté le théâtre. — Zola. Ses oeuvres.

Auteurs dont les ouvrages sont dangereux:
Guy de Maupassant. — Pierre Loti. — Xavier de Montépin. — Richepin. — Baudelaire. — Paul Bourget. — René Maizeroy. — Catulle Mendès. — Gyp. — Mirbeau. — Marcelin. — Lemonnier. — De Rosny. — Paul Marguerite. — Rachilde. — George Beaume. — Alexandre Hepp. — Scribe. — Hugues Le Roux. — L. Bonnetaux. — Nabut de la Forest. — Méry. — Henri Houssaye. — Alexis Bouvier. — Champfleury. — Amédée Achard. — Alfred de Musset. — Edmond About. — Henri Becque. — Les deux Goncourt. — Ferdinand Fabre. — Alfred Assolant. — Huysmans. — Péladanméry. — Pierre Zaccone. — Marquis de Foudras. — Charles Monselet. — Paul de Kock. — Monselet. — George Ohnet. — Octave Feuillet. — Émile Richebourg. — Edouard et Albert Delpit. — Chs. Deslys. — Adolphe Belot. — Ernest et Alphonse Daudet. — Paul Delair. — Jules Mary. — Henry Gréville. — André Theuriet. — Charles Canivet. — Théodore de Banville. — Gustave Droz. — Gustave Aymard. — Ponson du Terrail. — Henri Murger. — Émile Souvestre. — Henri de Kock. — I. Michelet. — Eugène Sue. — Alphonse Karr. — Ernest Capendu. — Hector Malot. etc., etc [82].

---

82) *La Semaine religieuse de Québec*, 24 septembre 1898, pp. 72-73 *La Semaine religieuse de Montréal*, Vol. XXXII (1898), p. 202.

Enfin, signalons les procès plus ou moins célèbres, causés par la publication de romans pernicieux dans les journaux et revues de l'époque. En plus de l'affaire Guibord qui se rattachait à la question des livres à l'Index, on peut relever, en 1889, une action en dommage contre *La Justice* par les éditeurs de *La Bibliothèque à 5 cents* [83], en 1890, le procès Taché — Cadieux, au sujet des oeuvres de V. Hugo [84], en 1891, le procès intenté à l'abbé Gosselin, par M. Filiatrault, l'éditeur de *Canada-Revue*[85], lequel, en 1894, cita aussi en justice l'archevêque de Montréal, Mgr Fabre[86].

V

L'impression générale qui se dégage de cette analyse, c'est que jamais le roman n'est évoqué avec enthousiasme ou admiration. S'il n'est pas d'une manière générale un genre proscrit, il est à tout le moins tenu pour suspect; c'est un mal nécessaire qu'on voudrait dénoncer avec plus de vigueur, mais qu'il faut tolérer. Aussi, s'efforce-t-on, tant bien que mal, d'en tirer parti pour la cause du Beau, du Bon et du Vrai.

Mais l'insistance à dénoncer ces dangers, les termes forts, outrés, virulents souvent utilisés, les jugements prononcés sans nuances, les cas d'exception présentés comme des dangers habituels, tout cela n'a-t-il pas dénaturé la valeur des arguments, en leur donnant une portée qui dépassait de beaucoup les griefs contre le roman, un peu à la manière du pavé de l'ours lancé pour écraser la mouche qui troublait le sommeil de l'Amateur des Jardins?

Mais il y a plus. Les normes morales où l'on enfermait le lecteur ne lui laissaient guère de latitude dans le choix des romans.

Quelles étaient ces normes?

---

83) *La Semaine religieuse de Québec*, II (1889-1890), p. 106.
84) *Ibid.*, p. 586.
85) *Canada-Revue,* vol. II (1891), p. 33.
86) *Ibid.*, Vol. V (1894), p. 65.

Jusqu'en 1890, on ne fournit guère de règles pratiques ; on se contente d'entourer le roman d'un halo de réticences, on parle de mauvaise littérature, de livres obscènes, de romans légers, et de cent autres épithètes qui, en raison de leur caractère absolu, frappent le genre romanesque lui-même. Est-ce téméraire de choisir comme exemple-type l'attitude de Mgr Bourget à l'égard d'une brochure anglaise intitulée le *Compagnon médical de la femme mariée*? Cet ouvrage préconisait l'avortement et proposait les moyens de le réaliser ; il n'était pas encore tellement répandu, mais l'évêque voulait prévenir les fidèles de façon toutefois à ce que la condamnation ne fît pas publicité à l'ouvrage :

> Tout se réduit à retirer cet ouvrage des mains du peuple [...] en usant d'une telle prudence que l'on ne fournisse pas occasion à la curiosité de faire des recherches sur la nature du livre. Il suffit pour cela de travailler à donner une grande horreur de tous les mauvais livres qui, aujourd'hui, plus que jamais circulent dans le monde [...]. À cette fin, voici l'annonce que vous ferez au prône et que vous renouvellerez autant de fois que vous le jugerez nécessaire :
>
> Monseigneur l'Évêque de Montréal m'ordonne de vous défendre de recevoir, lire, garder, prêter pour quelque raison que ce soit, ces livres que colportent en tous lieux ou qu'envoient par la Poste des gens sans aveu, pour empoisonner le pays de leurs doctrines contraires à la foi ou aux moeurs. Plusieurs de ces livres sont si dangereux, que l'on tombe en les lisant dans un cas réservé dont l'Évêque seul peut absoudre. Vous pouvez juger par là de la grandeur du mal que l'on commet en lisant ces livres corrompus. Mgr l'Évêque prend de là occasion de vous recommander de nouveau de former une bibliothèque paroissiale qui renferme tous les bons livres dont vous pouvez avoir besoin [87].

---

87) *Mandements, Lettres circulaires* [...] *publiés dans le diocèse de Montréal*, vol. II, pp. 196-198.

Après 1890, on fait état d'une règle assez simpliste, ainsi exposée par Charles Valeur:

> Pour qu'un ouvrage soit digne de la postérité, il faut qu'il puisse être lu par tout le monde et à tout âge, surtout par la jeunesse, car c'est l'âge où on est le plus porté à lire et où on a le plus besoin de s'instruire: or, si la religion et la morale signalent une œuvre comme dangereuse pour la jeunesse, elle est indigne de la famille et un péril pour la Bibliothèque [88].

et par Fabien Vanasse:

> par bons livres, par livres utiles, par livres pratiques, j'entends des livres que mon enfant peut lire et étudier avec avantage pour son intelligence et son coeur. C'est là toute la garantie que j'exige [89].

Cette règle, on l'a peut-être empruntée à Mgr Besson, un évêque français auquel recourt *La Semaine religieuse de Montréal:*

> Parents chrétiens, [...]. Point de demi-mesure. Interdisez-vous à vous mêmes ce que vous voulez leur [Vos enfants] défendre; autrement toutes vos recommandations seront vaines et sans effet [90].

Empressons-nous de dire, cependant, que cette règle ne fut pas communément adoptée. Un parisien, Victor du Bled s'inscrit en faux dans les *Nouvelles Soirées littéraires*:

> Je ne demande pas que tous nos romans soient de ceux dont la mère permette la lecture à sa fille mais serait-ce trop exiger de vouloir qu'on n'en bannisse pas l'idéal, l'amour du beau et du bien, que l'honnête homme y fut

---

88) Charles Valeur, *Victor Hugo et ses œuvres,* dans *La Revue canadienne,* troisième série, III (1890), p. 200.

89) Fabien Vanasse, *Petite causerie*, dans *Revue de Montréal*, I (1893), p. 7.

90) Mgr Besson, *Les Mauvaises lectures*, dans *La Semaine religieuse de Montréal*, XIV (1890), p. 242.

intéressant et eût parfois le dernier mot?[91]

Charles Savary, un autre Français récemment arrivé au Canada, écrit dans la même veine,

> Nous ne reprocherons pas à l'auteur d'avoir écrit un livre qui ne saurait sans inconvénient être mis dans toutes les mains. Ce serait perdre notre temps, car c'est malheureusement un reproche qu'il faudrait adresser à presque tous les romans français, même à ceux qui sont écrits sous une inspiration hautement morale[92].

Enfin, Marc Sauvalle, sous le pseudonyme de Duroc, fait valoir son opinion, la première fois en 1893, en des termes pamphlétaires.

> *Le Courrier du Canada* a cru trouver un argument sans réplique en disant: laisseriez-vous lire les livres de Bourget à vos enfants?
>
> Mais certainement non; et n'importe lequel d'entre nous qui trouvera sa fille avec un roman de Bourget entre les mains fera bien de lui appliquer une vigoureuse correction.
>
> C'est ce qui se fait en France [...]. Ici, tant de pères qui ne lisent pas [...] et tant de mères savent à peine lire que les fillettes en font à leur guise.
>
> C'est votre faute, messieurs du *Courrier du Canada*, votre faute à vous et à vos éducateurs si les romans de Bourget sont dangereux.
>
> Si votre éducation valait quelque chose, si vous aviez fait des hommes et des pères de familles, des femmes et des mères de familles, au lieu de créer des supports de bénitiers, il n'y aurait rien à craindre [93].

---

91) Victor du Bled, *Lettres de Paris*, dans *Nouvelles Soirées littéraires*, III (1884), p. 298.

92) Charles Savary, *Feuilles volantes*, p. 113.

93) Duroc (pseudo de Marc Sauvalle), *État d'âme*, dans *Canada-Revue*, IV (1893), p. 788.

et deux ans plus tard, en des termes plaisants qui demanderaient plus de nuance :

> J'ai dit qu'il n'y avait aucune difficulté ni aucun inconvénient à transporter dans les malles de Sa Majesté des journaux mauvais. Le danger, c'est la mise en circulation.
>
> Le coupable c'est celui qui remet entre les mains d'enfants [...]. Voyons, croit-on qu'à moi Duroc, cela puisse faire quelque chose de considérer le nu du Fin du siècle ou le décolleté du *Gil Blas* ? Croit-on que cela puisse faire quelque chose à Tardivel ou à un autre dur à cuire ?
>
> Je les verrais nus du haut jusqu'en bas que toute leur peau ne me tenterait pas a dit Molière en termes plus élégants [...] Mais je m'oppose formellement à l'exhibition, à la licence de la rue, et à la propagation du vice [...].
>
> Défendons l'exposition des oeuvres malsaines, pornographiques, immorales, mais qu'on n'arrête pas pour cela, la liberté de penser, de voir, d'agir [...].
>
> Laissons venir la presse française bonne ou mauvaise, mais sous bande, en gens discrets, en gens du monde [94].

Mais les défenseurs nuisaient peut-être à la cause, les deux premiers étant tenus pour suspects en raison de leur origine et le dernier pour avoir subi maintes fois les foudres de son évêque. De sorte qu'une règle aussi absolue, qui ne voulait même pas distinguer les catégories de lecteurs, selon la méthode préconisée par Sagehomme, Bethléem ou Calvet, ne permit guère au roman de se présenter comme une lecture sérieuse pour « l'honnête homme ».

* * *

Quant aux condamnations des romanciers de grande valeur, condamnations faites au nom des lois de l'Index par l'Église ou en vertu des lois naturelles plus ou moins sévèrement interprétées par

---

94) Duroc (pseudo de Marc Sauvalle), *Police sanitaire*, dans *Le Réveil* III (1895), p. 115.

des journalistes catholiques, il faudrait, pour les bien apprécier dans leur contexte historique, se rendre compte qu'il y avait là un principe en jeu, celui du libre examen. Ce principe, qui a si fortement marqué toute la littérature romantique, s'inspirait du protestantisme et s'opposait fortement au paternalisme de l'Église catholique. On en était aux premières escarmouches et seul le temps pouvait concilier des opinions aussi irréductibles.

J.-O. Fontaine, en 1878, avait déjà posé le problème:

> Ces jours derniers, un jeune homme m'est venu demander les *Mystères de Paris* et comme je lui objectais que ce roman est immoral [...]. « Mais, s'écria-t-il, je vous assure que ces lectures ne font aucun mal. Je laisse ce qu'il faut laisser et il est bon de se rendre compte soi-même de ces choses-là. »
>
> Telle est la réponse à toutes les objections contre le mauvais livre. — On veut voir et juger de ses propres yeux. L'Église a prononcé son jugement [...] qu'importe, ce jugement est soumis à la revision d'un imberbe [...]. Ainsi l'exige la loi du libre-examen maintenant prônée et suivie partout [95].

En 1881, *L'Union de St-Hyacinthe* avait poussé à l'extrême la théorie du jeune homme auquel Fontaine fait allusion et prenait position d'une façon encore plus précise:

> Le temps où une autorité, soit civile ou ecclésiastique pouvait contester à tout homme le droit naturel qu'il possède d'user de son jugement et de former son opinion comme bon lui semble, est passé depuis longtemps et ce n'est pas nous qui désirons le voir revivre [...].
>
> Nous n'avons pas au Canada de religion d'État et si telle ou telle personne préfère Voltaire à De Maistre, sur quel droit nous appuierons-nous pour l'en empêcher? Chacun est parfaitement libre, dans notre pays, de suivre qui bon lui semble en matière religieuse [...]. Nos Torquemadas

---

95) J.-O. Fontaine, *A propos d'un nouveau livre*, dans *La Revue canadienne*, XV (1878), p. 417.

en herbe continuent sans doute à nous traiter d'impie et d'athée; nous n'en aurons pas moins la prétention de rester fidèles à la foi de nos pères, voire même d'être meilleurs catholiques que nos détracteurs en mettant la presse au service de cette tolérance chrétienne dont nous nous faisons avec joie l'apôtre en cette circonstance[96].

Enfin Arthur Buies dénonçait les excès où, d'après lui, l'Église avait abouti:

> Eh quoi! L'on en était arrivé à ne pouvoir lire que les journaux tolérés par l'autorité ecclésiastique; on n'osait avoir dans les bibliothèques et les salles de lecture plus ou moins publiques, comme celles de l'Assemblée législative, de *l'Institut Canadien de Québec* et d'autres, que les livres et les journaux qu'elle permettait; on ne pouvait aller qu'aux exercices ou aux spectacles qu'elle voulait bien ne pas défendre! A tout moment, cette autorité intervenait pour prohiber telle publication, telle chose ou telle autre, pour régler la conduite des citoyens à sa guise c.a.d. à son profit et pour l'avantage de sa domination aussi bien temporelle que spirituelle [97].

Voilà l'opinion libérale. La thèse catholique était exposée dès 1858, par Mgr Bourget, dans l'exercice de sa charge pastorale.

> C'est pour nous, N.T.C.F., un devoir impérieux de vous signaler ici deux grandes erreurs, commises par la majorité de l'*Institut Canadien* [...].
>
> La première erreur est exprimée dans les termes suivants savoir: Que l'*Institut* a toujours été et est seul compétent à juger de la moralité de sa bibliothèque et qu'il est capable d'en prendre l'administration, sans l'intervention d'influences étrangères [...] et que le Comité de Régie est

---

96) Cité par Jules-Paul Tardivel, *Mélanges* I, p. 153.

97) Arthur Buies, *Interdictions et Censures* dans *Canada-Revue*, IV (1893), p. 90.

> suffisant pour gérer les affaires de l'*Institut* et pour voir à l'Administration de la Bibliothèque.
>
> Pour relever cette étrange erreur, nous allons nous contenter, N.T.C.F., de vous faire entendre les paroles de l'Église elle-même qui, dans le St Concile de Trente a déclaré que c'est à l'Évêque ou à son Député qu'appartient le droit d'approuver et d'examiner les livres [98].

Mgr Laflèche partageait son point de vue et l'exposait dans des termes modérés: à un certain abbé Dugas qui lui avait signalé des romans immoraux publiés dans *La Presse* et *Le Monde*, Mgr Laflèche avait répondu:

> Le mal que vous signalez est bien déplorable et en même temps difficile à remédier. Le moyen que vous prenez est sans doute le meilleur parce qu'il est plus régulier [...]. Avertir les évêques de la présence de l'ivraie dans le champ confié à leur sollicitude, voilà la règle. Après cela, à eux de déterminer le temps et le mode convenables pour arracher cette ivraie et la détruite. Les serviteurs du Père de famille, par un zèle indiscret auraient voulu arracher tout de suite et brûler cette ivraie, au risque même de déraciner le bon grain et de le faire périr. Si *l'Étendard* et *La Vérité* sont rejetés de tout l'Épiscopat, [...] n'est-ce pas pour avoir imité le zèle indiscret des serviteurs du Père de famille dans la lutte à soutenir contre les ennemis, d'avoir voulu combattre [...] avec trop de violence et d'acrimonie?[99]

Enfin *La Semaine religieuse de Montréal* endossait cette attitude en des termes qui invitaient à la polémique:

> Supposant même, que Monseigneur l'Archevêque de Montréal et ses collègues dans l'épiscopat aient mal usé de leur juridiction en condannant le *Canada-Revue* et fait

---

98) *Mandements, Lettres circulaires* [...] *publiés dans le diocèse de Montréal,* tome IV, p. 23.

99) Correspondance Laflèche – Dugas, Archives du Séminaire des Trois-Rivières, A2, D 64.

une application arbitraire et injuste de leur droit, ils n'ont aucun compte à rendre de leur conduite ni aux fidèles, ni à l'autorité civile; ils n'étaient pas même tenus en prononçant cette condamnation de donner les motifs qui ont servi de base à leur jugement. C'est pourquoi, on l'a dit avec raison, une seule alternative s'imposait aux propriétaires de cette revue, s'incliner, obéir, se rétracter[100].

Est-ce uniquement affaire de principes ou de procédés? De principe d'abord: si l'on s'en tient aux seules condamnations épiscopales, il est évident que l'Église se sentait parfaitement justifiée de défendre à ses fidèles la lecture de livres qu'elle jugeait préjudiciables à leur foi ou à leurs moeurs. Ce faisant, l'Église du Canada ne faisait que se conformer aux décisions romaines. Mais n'a-t-elle pas interprété la loi de l'Index avec trop de rigidité? On sait que celle-ci vise la masse des fidèles, mais prévoit des cas d'exception dont peuvent se prévaloir des adultes cultivés. Pourquoi ne les avoir pas mis en relief?

De procédés ensuite et surtout. Les critiques intempestives, rigides, d'une sévérité excessive, faites par des religieux ou des laïcs prestigieux, qui jugent les adultes comme des adolescents, ont dû contribuer à créer un climat vraiment intolérable à des esprits d'autant plus épris de liberté qu'on en restreignait davantage les limites. Une recherche sérieuse pour résoudre le dilemme littérature-morale aurait pu tellement épanouir les esprits, améliorer le climat.

Mais il faut éviter de juger du passé selon des critères actuels et pour ne point commettre une telle erreur de méthode, le mieux serait d'établir une étude comparative avec les courants de l'opinion en vogue dans les autres pays à la même époque. Évidemment, une telle étude déborderait le cadre que nous nous sommes assigné. Mais une simple confrontation de la critique catholique au XIXe siècle, en France et au Canada, met bien en évidence l'accord de l'une et de l'autre. Louis Veuillot, Lacordaire, Mgr Dupanloup, Joseph de Maistre, pour nommer les plus illustres, les exemplaires de *Semaine religieuse* des diocèses français.

---

100) Cité dans *Canada-Revue*, V (1893), p. 307.

les revues catholiques françaises regorgent d'opinions qu'aurait endossées le plus sévère de nos critiques.

À titre d'exemple, n'est-ce pas Lacordaire qui racontait ainsi le récit d'une entrevue avec Ozanam:

> Ozanam surpris [Chateaubriand lui avait demandé s'il se proposait d'aller au théâtre] hésitait entre la vérité qui était la promesse faite à sa mère de ne pas mettre les pieds au théâtre et la crainte de paraître puéril à son interlocuteur. Il se tut quelque temps par suite de la lutte qui se passait en son âme. M. de Chateaubriand le regardait toujours comme s'il eut attaché à sa réponse un grand prix. A la fin, la vérité l'emporta et l'auteur du *Génie du Christianisme*, se penchant vers Ozanam pour l'embrasser, lui dit affectueusement:
>
> Je vous conjure de suivre le conseil de votre mère; vous ne gagneriez rien au théâtre et vous y pourriez perdre beaucoup.
>
> Jamais conseil ne fut mieux suivi. Ozanam avait 27 ans quand il alla au théâtre pour la première fois, pour entendre *Polyeucte*. Son impression, nous dit Lacordaire, fut froide; il avait éprouvé comme tous ceux dont le goût est sûr et l'imagination vive, que rien n'égale la représentation que l'esprit se donne à soi-même dans une lecture silencieuse et solitaire des grands maîtres[101].

Si des esprits aussi éminents, dans une France aussi évoluée, ont eu une telle opinion du théâtre, il ne faut pas s'étonner que des esprits plus frustes, dans un Canada français isolé, aient fait preuve de rigorisme à l'endroit du roman. Mais le problème est peut-être mal posé: les critères sur lesquels reposait la littérature catholique du XIXe siècle, en France et au Canada, étaient sans doute différents des critères d'un humanisme romantique ou réaliste, celui-ci mettant l'accent sur les valeurs intellectuelles, tandis que l'autre accordait la prédominance aux valeurs morales.

---

101) Cité par B.-P Migneault, *Frederic Ozanam*, dans *La Revue canadienne*, nouvelle série, II (1882), p. 583.

Chapitre 4

Misères et infortunes du roman au XIXe siècle.

Misères et infortunes du roman au XIXe siècle

« Amuseur, tel est le véritable métier du romancier. »
J.-O. Fontaine

> Le romancier amuse le public comme l'acteur ou l'actrice, comme le saltimbanque, comme les autres amuseurs du public. C'est exercer un triste métier [...]. Pour atteindre cette fin [...] il raconte à l'homme l'histoire de ses faiblesses natives et de ses passions; il lui montre des héros qu'il a soin de peindre sous les traits les plus séduisants, il va même jusqu'à anoblir en eux les penchants les plus honteux de notre nature, la luxure, la haine, la vengeance et l'orgueil, et ces vices ont sous sa plume, un aspect qui les fait presque admirer [1].

À première vue, ces paroles de J.-O. Fontaine s'inspirent de celles du célèbre Nicole à l'endroit du théâtre et du roman:

> Un faiseur de romans un poète de théatre est et (sic) un empoisonneur public [...]. Plus il a eu soin de couvrir d'un voile d'honnêteté les passions criminelles qu'il y décrit, plus il les a rendues dangereuses et capables de surprendre et de corrompre les âmes simples et innocentes [2].

---

1) J.-O. Fontaine, *M. Marmette: l'Intendant Bigot*, dans *La Revue canadienne*, XIV (1877), pp. 659-660.

2) Nicole, première *Lettre sur l'hérésie imaginaire*, citée dans l'édition P. Mesnard, des *Oeuvres de J. Racine*, Grands Écrivains de la France, t. IV, p. 258.

Mais, en vérité, les accusations de J.-O. Fontaine, replacées dans leur contexte, visent moins à condamner l'immoralité du genre qu'à en minimiser l'importance et lui faire perdre la faveur dont il jouit. Elles marquent le dépit de celui qui, devant l'impossibilité d'enrayer la popularité du roman, voudrait jeter du discrédit sur le genre et l'entourer d'un certain mépris.

Dans l'opinion canadienne-française, le roman fut-il considéré comme un genre frivole? Telle est la question que nous invite à examiner le texte précité. À cette question, nous en joindrons deux autres: quels furent les romans appréciés ou réprouvés par la critique? Quelle importance a-t-on attribué à la technique du roman? Et nous nous demanderons dans quelle mesure on a jugé de sa valeur littéraire en fonction du but qu'on lui assignait:

I

Le genre romanesque sera tout au long du XIXe siècle traité de futile. Le roman affronte des adversaires de taille: on connaît bien l'opinion d'Étienne Parent, exposée dès les premières conférences de *l'Institut canadien*, reproduite dans les principales revues de l'époque et plusieurs fois citée par des critiques du temps:

> Quel est le jeune Canadien qui, en prenant pour le lire un des romans du jour puisse, le main sur la conscience, se dire qu'il ne saurait plus utilement employer son temps et pour lui et pour son pays? En effet qu'y apprendra-t-il? qu'y verra-t-il? des leçons de morale, en supposant qu'il y en ait? Son catéchisme lui a tout dit là-dessus, et bien mieux que ne sauraient le faire Eugène Sue ou Alexandre Dumas. Des peintures de moeurs? lorsqu'il s'en rencontrera de fidèles, elles se rapporteront à un état de société si différent du nôtre qu'elles ne pourront que fausser ses idées dans les applications qu'il voudrait en faire et ce sera un grand mal. Mais la plupart du temps il sera transporté dans un monde fantastique, où tout sera exagérée (sic) chargé, caricaturé de telle sorte que le lecteur Européen lui-même ne s'y pourra reconnaître.

> Il n'y a donc rien d'utile à retirer de la lecture des romans et des nouvelles du jour, si ce n'est quelque délassement à des lectures sérieuses et instructives[3].

Plus surprenante encore, l'opinion d'Octave Crémazie, exprimée dans sa correspondance avec l'abbé Casgrain, après cinq ans de séjour dans une France où le roman est en pleine gloire:

> Le roman, quelque religieux qu'il soit, est toujours un genre secondaire; on s'en sert comme du sucre pour couvrir les pilules lorsqu'on veut faire accepter certaines idées bonnes ou mauvaises. Si les idées dans leur nudité, peuvent supporter les regards des gens honnêtes de goût, à quoi bon les charger d'oripeau et de clinquant? C'est le propos des grands génies de donner à leurs idées une telle clarté et un tel charme qu'elles illuminent toute une époque sans avoir besoin d'endosser ces habits pailletés que savent confectionner les esprits médiocres de tous les temps. Ne croyez-vous pas qu'il vaudrait mieux ne pas donner de romans à vos lecteurs et les habituer à se nourrir d'idées sans mélange d'intrigues et de mise en scène? Je puis me tromper mais je suis convaincu que le plus tôt on se débarrassera du roman, même religieux, le mieux sera pour tout le monde[4].

Enfin, Fontaine, qui semble avoir eu quelque notoriété à l'époque, jette le discrédit sur le roman, parce que, dit-il, « son but ne peut être d'instruire le peuple, de lui enseigner ses devoirs, de lui redire son passé, c'est la part du prêtre et de l'historien: il [le romancier] écrit pour nous désennuyer[5] ».

Ce que nous retenons de ces critiques, c'est le motif qui les inspire: le roman est un genre secondaire, parce qu'il ne saurait ni enseigner ni élever; tout au plus peut-il distraire.

À ces chefs de file viennent s'ajouter toute une kyrielle

---

3) Étienne Parent, *Importance de l'Étude de l'Économie politique*, dans *La Revue canadienne*, 24 novembre 1846.

4) Octave Crémazie, *Lettre à l'abbé Casgrain*, 29 janvier 1867, dans *Oeuvres complètes*, (Ed. 1896), p. 39.

5) J.-O. Fontaine, *M. Marmette: l'Intendant Bigot* dans *La Revue canadienne,* XIV (1877), p. 659.

d'écrivains pour qui la lecture de romans est, soit une perte de temps [6], soit une occupation indigne des gens sérieux.

> Quelle est donc au fond la valeur du roman que l'on choie tant? J'en ouvre un au hasard. Qu'y vois-je? Une corde, du poison, un pistolet, un groupe de partisans que ces trois ficelles agitent jusqu'à ce que mort s'en suive: une Astarbé, les fils du Bacchus, qui, au milieu des vapeurs d'un estaminet, sèment dans l'ivresse ce qu'en dépit du romancier ils moissonneront dans les pleurs: les adorateurs et les courtisans d'une Vénus échevelée [...] et puis encore un pistolet, une corde et du poison [7].

Sans compter le fait que cette lecture est le signe d'un esprit volage:

> « Que lisez-vous actuellement, mademoiselle » demandait quelqu'un à une jeune fille de ma connaissance?
>
> « Je continue, monsieur, « A l'oeuvre et à l'épreuve » de Laure Conan, puis j'ai commencé « Le journal de Marie-Edmée » qui m'intéresse beaucoup et à moments perdus, je feuillette « Le mot de l'énigme » de Mme Craven.
>
> « Pardonnez-moi, mademoiselle, mais vous êtes une lectrice bien volage ! »
>
> Voilà donc l'opinion qu'ont les gens sérieux de ces liseuses-papillons qui veulent tout voir à la fois et dont l'esprit gardant l'empreinte de ce méli-mélo, devient un véritable chaos [8].

On accuse même le roman de nuire au progrès intellectuel:

> Nous avons beau dire, c'est la fiction qui a détérioré notre tempérament intellectuel, c'est elle qui a retardé notre croissance littéraire. A force de nous assimiler les contes

---

6) *L'Abeille*, 15 mai 1849; *Les romans* dans *L'Opinion publique*, 29 septembre 1881; J. Élisée Panneton, *Un sanctuaire canadien, deux esquisses biographiques, Impressions diverses*, p. 216.

7) *L'Opinion publique*, 26 janvier 1871.

8) Gilberte (pseudo), *Romans et feuilletons* dans *Le Glaneur* II (1892), p. 165.

> et nouvelles que nous servent quelques désœuvrés de Paris, nous avons perdu le goût et l'appétit des études sérieuses[9].

Aussi les esprits sérieux se chargent-ils d'exposer les raisons de leur méfiance à l'égard du roman. Tels les rédacteurs de *L'Avenir* dont «le but est d'instruire» et qui croiraient «manquer à leur devoir s'ils se livraient à publier des écrits légers et dont la lecture ne peut profiter à personne[10]». Tel aussi l'abbé Raymond: «Là rien qui instruise, qui excite un sentiment généreux, qui élève le caractère [...]. Aussi [...] de tout jeune homme qui se passionne à la lecture d'un roman, on peut être porté à dire: voilà une tête qui n'arrivera pas à la force virile et un coeur qui s'affadit[11]».

Pour corroborer ces témoignages explicites, signalons une attitude généralisée que nous révèle la lecture des documents de l'époque: on se comporte comme si le roman n'était bon que pour les jeunes filles, les jeunes gens ou, tout au plus, quelques femmes romanesques! Presque toujours, quand ils expriment leur opinion sur le roman, les moralistes qui s'inquiètent, les éditorialistes qui distribuent des conseils, les penseurs qui songent à l'avenir de la nation, s'adressent à des jeunes gens, des jeunes filles ou à leurs éducateurs. Comme si l'on voulait donner l'impression que le roman ne fait pas sérieux, qu'il est un moyen de détente toléré parfois et dans de justes limites pour des êtres jeunes.

D'ailleurs le qualificatif si fréquent de «littérature légère» pour désigner le roman est aussi fort révélateur. Même J.-B.-E. Dorion, «l'Enfant terrible», qui, en 1852, a la responsabilité de la bibliothèque de *l'Institut canadien*, ne conçoit pas qu'un roman soit considéré comme un «livre sérieux qui peut être lu à plusieurs reprises par un même homme [...] un roman une fois lu devient lettre morte, une propriété stérile. Abandonné dans le coin poudreux d'une tablette, il prend rang, côte à côte, avec des livres en bois peint, destinés à garnir les rayons inoccupés.» Aussi

---

9) *La Revue canadienne*, troisième série, III (1890), p. 394.

10) *L'Avenir*, novembre 1847.

11) J.S. Raymond, *Entretien sur les études classiques* dans *La Revue canadienne*, IX (1872), p. 673.

les fonds mis à sa disposition étant restreints, il estime « infiniment regrettable de préférer mettre de côté des auteurs graves pour les remplacer par des écrivains légers » [12].

On est donc en droit de se demander si le fait de considérer le roman comme futile, léger, frivole, n'est pas une des causes du petit nombre d'études sérieuses consacrées à ce genre. Le romancier n'ayant pas conquis ses lettres de noblesse, ses écrits semblaient étrangers à la grande littérature, à ces chefs-d'oeuvre où la pensée s'alimente et où le style se forme. Ce serait donc une perte de temps pour le critique littéraire, pour le professeur, pour l'écrivain, de s'intéresser à cette production et d'espérer en retirer une formation humaine ou littéraire. Ne serait-ce point une des raisons de notre retard en ce domaine ?

De plus, si nos écrivains ont été si hésitants à se présenter comme romanciers et s'ils protestaient de leur intention d'écrire des romans comme le firent dans leur préface, Gérin-Lajoie, Napoléon Bourassa, P. Aubert de Gaspé et même Joseph-E.-E. Marmette c'est moins parce que « le roman, selon la théologie craintive de l'époque, c'est l'aventure, l'amour et pour tout dire le péché » [13], que parce qu'il semblait la marque d'un esprit léger et qu'un homme soucieux de se consacrer au service d'un pays en pleine croissance avait mieux à faire ? Nous pourrions comparer cette attitude à celle de Lamartine : au dire de ses biographes, lorsqu'il voulut devenir député, il craignait que son œuvre poétique ne nuisît à sa carrière politique.

II

C'est peut-être pour mieux se faire pardonner d'écrire des romans d'amour qu'on se lançait dans le roman historique. Ainsi l'auteur faisait oeuvre utile et il risquait moins de se voir affubler du titre d'amuseur public.

La lecture et la rédaction de romans historiques furent à la fois acceptées et conseillées au cours du XIXe siècle. Qu'on se

---

12) J.-B.-E. Dorion, l'*Institut canadien en 1852*, pp. 58-59.
13) Gilles Marcotte, *Une littérature qui se fait*, p. 12.

rappelle la place de choix réservée dans l'appréciation des romans à *Fabiola*, de Wiseman, aux *Fiancés*, de Manzoni, aux romans de Walter Scott, de Cooper, de Raoul de Navery. Que l'on songe à la popularité des romans historiques à sujet canadien, depuis *Les Fiancés de 1812*, de Doutre, les romans du Français H.-E. Chevalier jusqu'aux romans de Marmette, de Bourassa, de Rousseau, de Girard, de Tardivel, sans oublier *Le Chien d'or*, de Kirby, traduit par Pamphile LeMay, de même que les romans de Laure Conan. Et quel goût pour les légendes, les souvenirs romancés, les récits historiques ! Il suffit, pour s'en rendre compte, de feuilleter le *Répertoire national* de Huston, *La Revue canadienne* ou les albums littéraires des différents journaux.

D'ailleurs, si les romanciers ont tant exploité cette veine, c'est pour y avoir été encouragés et orientés par la plupart des critiques contemporains.

Benjamin Sulte, en 1870, s'écriait : « Comme nous aimerions posséder un Walter Scott canadien pour exhumer la vie intime du passé [...]. Encore une fois, ce ne sont pas les matériaux qui nous manquent, ce sont les ouvriers - les gens de lettres - et les lecteurs[14] ».

Edmond Lareau se dit convaincu que « le roman historique est seul appelé à vivre en Canada. C'est du moins celui qui doit attirer davantage les sympathies de nos littérateurs[15] ». Et plus loin, au sujet des romans de Marmette : « Si j'avais un conseil à donner à l'auteur, je lui dirais : n'abandonnez pas les sujets canadiens ; vous avez commencé par là, finissez par là. Vos œuvres d'imagination bénéficieront de tout l'attrait qui se rattache à l'histoire du Canada[16] ».

Darveau prétend aussi que pour donner à notre littérature « de la vie et de l'originalité, il faut aller lui en chercher dans notre passé[17] ».

---

14) Benjamin Sulte, *François de Bienville de Marmette*, dans *La Revue canadienne*, VII (1870), p. 779.

15) Edmond Lareau, *Histoire de la littérature canadienne*, p. 276.

16) *Ibid.*, p. 331.

17) L.M. Darveau, *Nos hommes de lettres*, p. 145.

Enfin Sylva Clapin:

> Et pourtant, tous ceux qui aspirent aujourd'hui au Canada, à jeter les bases d'une littérature franco-américaine, n'auraient que bien peu de chose à faire, s'ils le voulaient, pour redevenir eux-mêmes: tout simplement tourner un peu plus leurs regards vers leur beau et grand pays, prêter une oreille attentive aux rumeurs qui s'en échappent et surtout puiser à pleine main dans leur histoire si féconde en épisodes émouvants et entraînants[18].

Pourquoi cette faveur du roman historique? On y décèle trois motifs dont le premier paraît être le souci de créer une littérature originale qui pût s'imposer à l'Europe. Or, le moyen préconisé, c'est le roman historique qui exploite le passé, le décor pittoresque et les mœurs d'autrefois.

> En effet, «fatiguée du langage énervé et langoureux des romanciers, l'Europe, (au dire de L.-O. David), a besoin de fortes émotions; le tableau des scènes terribles dont nos forêts furent témoin la ferait frémir et le spectacle de cette poignée de Français, aux prises avec toutes les difficultés que lui suscitent la nature, le climat et les peuplades barbares, l'étonnerait et exciterait son imagination. Si au contraire nos œuvres ne sont que le tableau des hommes et des événements du jour, que l'expression des idées et du sentiment qui courent le monde, nous nous trouverons à engager avec les grands écrivains de l'Europe [...] une lutte dans laquelle nous serons certainement les vaincus et nos productions sans intérêt, non seulement n'attireront pas l'attention des nations étrangères, mais pas même celle de notre pays[19].

Cette opinion de L.-O. David reprend une idée déjà émise, en 1845, par L.-A. Olivier[20], et exprimée encore, en 1883, par

---

18) Sylva Clapin, *Le Canada*, p. 94.

19) L.-O. David, *Essai sur la littérature nationale*, dans *Écho du Cabinet de lecture paroissial*, 12 octobre 1861.

20) L.-A. Olivier, *Essai sur la littérature canadienne*, dans *La Revue canadienne*, 25 janvier 1845.

l'abbé Casgrain, qui reproche à Laure Conan de donner à son roman une physionomie trop européenne et croit que « notre littérature ne peut être sérieusement originale qu'en s'identifiant avec notre pays et ses habitants, qu'en peignant nos mœurs, notre histoire, notre physionomie. C'est sa condition d'existence[21] ».

Une autre raison, bien naturelle celle-là, est tirée du besoin d'intensifier le patriotisme d'une minorité sans cesse en lutte pour la sauvegarde de ses droits et sa survivance. Y a-t-il un moyen plus efficace que le roman, pour populariser l'histoire d'une manière agréable, pour donner des leçons ou répondre aux attaques des adversaires ? À la suggestion de Benjamin Sulte ou d'Edmond Lareau, Joseph Marmette répondra :

> Le but auquel je visai [...]: rendre plus populaire en la dramatisant la partie héroïque de notre histoire et l'embrasser dans ces quatre volumes où la fiction n'a que juste assez de place pour qu'on puisse les classer dans la catégorie des romans historiques[22].

Si Pamphile LeMay a traduit *Le Chien d'or* de W. Kirby, si E.-Z. Massicotte se réjouit de l'œuvre de Rousseau[23], c'est que, dans les deux cas, on se trouve en face d'œuvres « qui sont propres à inspirer du goût pour l'étude de l'Histoire du Canada[24] » Edmond Rousseau, d'ailleurs, déclare : « En face des insinuations malveillantes et des injures qui ont été dites et écrites depuis quelques mois contre la population canadienne-française, contre nos milices, il n'est pas de meilleure réponse, croyons-nous, de réfutation plus facile et plus complète que de rappeler les actions héroïques de nos pères, leur courage dans l'adversité, leur vaillance sur le champ de bataille[25] ».

« Plût à Dieu », s'écrit à son tour Firmin Picard, à propos d'un roman qui se présente comme la glorification des plus belles vertus, « que les Canadiens-français eussent encore le courage,

---

21) Henri-Raymond Casgrain, Préface à *Angéline de Montbrun*, p. 9.
22) Joseph Marmette, *François de Bienville* (4e éd.), préface, p. 18.
23) *Le Monde illustré*, 11 avril 1891.
24) Pamphile Le May, Préface à *Le Chien d'or* de W. Kirby, p. V.
25) Edmond Rousseau, *Le Château de Beaumanoir*, préface, p. VI.

l'énergie montrée par leurs pères! C'est [...] un bien que l'auteur ait écrit ce livre vibrant de patriotisme, surtout en un temps de platitude et de courbettes devant le fort[26] ».

Enfin le troisième aspect est celui de « l'honnêteté morale » que permet le genre du roman historique. Routhier a bien pris soin de le noter, lui qui disait que « le bon roman peut aussi être historique et servir très utilement les intérêts de la Religion et de la Patrie [...]. La mission du roman historique est particulièrement de montrer le rôle de la Providence dans l'histoire, de mieux graver dans la mémoire les événements humains et d'enseigner aux peuples le chemin de la grandeur et de la vertu[27] ». Joseph Desrosiers se référait au critique français Léon Gauthier « qui recommandait aux écrivains catholiques de se consacrer surtout au roman historique mais pour en faire une œuvre sérieuse et savante[28] ».

Or ce que nous voulons mettre en évidence, c'est que les motifs qui incitent ces écrivains à promouvoir le genre historique s'inspirent de la conception idéale du roman que nous avons exposée au début de ce chapitre. On écrit des romans historiques, a-t-on dit, pour créer une littérature typiquement canadienne, pour intensifier le patriotisme ou par souci d'honnêteté morale. Si la première raison est d'ordre plus strictement littéraire, les deux autres répondent bien au désir de voir le roman servir une noble cause et se vouer à une fin sociale ou morale.

Disons même plus: non seulement les partisans du roman historique le préconisent pour des motifs plus moraux que littéraires, mais même les adversaires le rejettent pour des raisons de même ordre. Henri Noiseux, par exemple, s'oppose au roman historique. Ce n'est pas parce que le genre est artificiel mais parce qu'il y voit un instrument de propagande anti-religieuse, anti-sociale.

> Le roman se mêle de faire de l'histoire, mais toujours dans le seul but de contredire la véritable histoire en se

---

26) Firmin Picard, Préface à *Florence* de Rodolphe Girard, p. IX.
27) Adolphe-Basile Routhier, *Causeries du dimanche*, p. 250.
28) Joseph Desrosiers, *Le roman au foyer chrétien* dans *Le Canada français*, I (1888), p. 217.

servant de dates fausses, en changeant le caractère réel des hommes et des événements et tout cela dans un intérêt purement anti-religieux et anti-social[29].

* * *

Le roman de mœurs a été fort populaire à l'époque, mais les écrivains se firent un devoir d'étudier les mœurs canadiennes, si bien illustrées par *Les Anciens Canadiens, Jean Rivard* ou *Charles Guérin,* ouvrages auxquels nous pourrions ajouter *La Terre paternelle* qui n'a pas, malgré sa parenté avec les trois autres, connu une aussi heureuse fortune.

Un élément commun y prévaut, et on l'a tellement mis en évidence dans les préfaces ou les critiques qu'il est presque devenu un poncif de la littérature romanesque canadienne: la vie tranquille des Canadiens aux mœurs simples et honnêtes, voilà ce qu'on s'est plu à peindre. Patrice Lacombe, Pierre-J.-O. Chauveau, Antoine Gérin-Lajoie, Philippe Aubert de Gaspé, Jules-Paul Tardivel, J.-B. Bérard répéteront en des termes presque identiques le jugement d'Edmond Lareau sur l'ensemble de nos romanciers:

> Nos romanciers [...] appartiennent tous à la même école et le sentiment qui les a formé (sic) d'abord et qui les a guidé (sic) ensuite leur est commun à tous. Leur manière est la même à fort peu d'exception près [...] ils se complaisent dans les beautés de détails, loin du tracas et des incidents tragiques. Leur récit [...] développe de préférence des passions douces aux passions violentes [...]. Le bonheur domestique et champêtre est pour eux la plus haute expression du bonheur sur la terre. Ni l'éclat des cours, ni le tumulte des villes, ni la pompe des grands n'attirent leurs regards[30].

Or, et cela étant admis au XIXe siècle, ces mœurs honnêtes permettaient difficilement de rédiger de captivantes intrigues. « La

---

29) Henri Noiseux, *L'action malsaine du roman*, dans *La Revue canadienne* troisième série, t. II (1889), p. 65.

30) Edmond Lareau, *Histoire de la littérature canadienne-française*, p. 333.

fiction hésite à se risquer dans ce milieu sain et robuste. En voyant [...] ces ménages réguliers, ces familles nombreuses, cet air d'ordre et de bonheur [...] l'imagination tourne dos et s'enfuit vers des sphères plus troublées[31] ». Mais en compensation, on y trouvait une utilité sociale fort appréciable, « Mon but étant moins d'amuser le lecteur frivole que d'offrir quelqu'utile enseignement à ceux qui se destinent à la même carrière que Jean Rivard[32] », avouait Antoine Gérin-Lajoie, et cette opinion était celle de la plupart de ses confrères.

Ces romans présentaient, sans doute, d'authentiques qualités littéraires, que Virgil Rossel, pour sa part, a bien appréciées, en 1896. Ce sont celles de la vraisemblance, du naturel, « de la couleur locale très vive[33] ». Mais, vers les années 1860, si l'on a mis cette valeur en relief, c'est qu'elle avait l'indéniable mérite « de servir de contrepoids aux histoires impossibles auxquelles le roman contemporain ne cesse de donner cours[34] », et « de prendre pour point de départ un principe tout opposé à celui que l'on s'est mis en tête de faire prévaloir, il y a quelques années, le beau c'est le laid[35] ».

C'est donc, pour une bonne part, sous l'inspiration de l'idéal moral qu'on lui a assigné, que le roman de mœurs canadiennes reçut, ici, ses lettres de noblesse et put apparaître comme le genre le plus apte à annuler l'effet considéré comme désastreux sur la population de ces « faiseurs de romans de la vieille Europe dont les œuvres regorgent jusqu'à la dernière page, de vice, de corruption, d'adultère[36] ».

---

31) *L'Opinion publique*, 26 juin 1879.

32) Antoine Gérin-Lajoie, *Jean Rivard l'économiste*, dans *Le Foyer canadien*, II, p. 17.

33) Virgil Rossel, *Histoire de la littérature française hors de France*, cité par Hector Garneau, *Les Canadiens français*, dans *La Revue nationale*, II (1896), p. 15.

34) Jean-Baptiste Bérard, *Étude littéraire*, dans *La Revue canadienne* XI (1874), p. 921.

35) Pierre J.-O. Chauveau, *Charles Guérin*, Avis de l'éditeur, p. VI.

36) E. Gélinas, *Les noces d'Horace*, dans *La Revue canadienne*, V (1868), p. 265.

* * *

Il serait sans doute superflu de multiplier les citations pour démontrer l'opposition constante qu'on a manifestée à l'égard du roman réaliste ou naturaliste. Si l'exposé antérieur sur la moralité du roman ne suffit point à nous en convaincre, des écrivains comme A.-B. Routhier, Napoléon Legendre, Joseph Desrosiers, Germain Beaulieu, Victor Du Bled, De Marchy pourraient nous fournir plusieurs pièces à conviction.

Mais plus que les condamnations, ce sont les motifs qui doivent retenir notre attention. On se doit de signaler que la critique de l'époque a porté un jugement qui différait selon qu'il s'agissait du réalisme ou du naturalisme. A vrai dire, on a su accepter un réalisme de bon aloi. Charles De Lorimier, en 1867, et Joseph Desrosiers, en 1888, sont du même avis que Georges Legrand lequel résume, croyons-nous, les tendances de l'époque:

> Le qualificatif de réaliste attribué à un écrivain peut être pris dans un bon ou dans un mauvais sens.
>
> Il est déplorable qu'un écrivain soit réaliste si l'on entend par là que son regard est borné au domaine de la chair et ignore le domaine spirituel. Dans cette acception, le réalisme se confond avec le naturalisme [...]. Mais il est un autre genre de réalisme qui nous apparaît comme bienfaisant. Celui-là consiste à représenter la vie, les hommes et les choses tels qu'ils sont. L'art réaliste, ainsi compris, délaisse les rivages où fleurit l'exotisme de la fantaisie [...] il se tient au réel et n'offre au public que la peinture du réel.
>
> Et franchement, n'est-ce pas mieux? A quoi bon entasser les périodes grandiloquentes? A quoi bon agiter la draperie mensongère d'histoires romanesques? A quoi bon, faire voir le monde à travers le prisme des illusions? Cela sert-il à autre chose qu'à enflammer des imaginations, à préparer des déceptions, des dégoûts, des chutes? Il est plus sain et plus moral de nous accoutumer à considérer la vie comme elle est [...]. La vie simple et banale [...] tis-

> sée de petits devoirs et d'occupations monotones, auxquels il faut nous affectionner, afin que nous les remplissions le plus parfaitement possible [...].
>
> C'est par le réalisme de leurs œuvres que les romanciers Anglais et Russes ont exercé une influence favorable à certaines classes déshéritées ou déconsidérées. En Russie, les romans de Gogol ont servi la cause des petits employés, ceux de Dostoievsky ont amélioré le sort des fonctionnaires et des déportés en Sibérie. En Angleterre, Dickens a plaidé pour les maîtres d'école et les pions de collège.
>
> Ainsi conçu l'art devient social[37].

Cette citation nous permet de déceler pourquoi l'on souscrit à cette formule: «l'art devient social», voilà qui rejoint la préoccupation constante de l'opinion canadienne-française.

Quant à la forme de réalisme qu'on a blâmée, c'est De Marchy dans *Le Monde illustré* qui nous a semblé s'attaquer davantage à ce qui fait l'essence même de la théorie. Après avoir établi «que le réalisme a pour objet l'imitation de la nature c'est-à-dire le monde réel tel qu'il apparaît à nos yeux [...]», il prétend prouver ensuite que «ce réel n'est pas perceptible» et que «cette impuissance humaine à imiter exactement la nature, conduit forcément l'artiste à choisir ce qui lui paraît plus susceptible de reproduction ou à interpréter, à créer même ce qu'il ne peut imiter [...]. Cet acte d'indépendance le met en contradiction avec le principe du réalisme, car où l'imitation servile cesse, paraît l'esprit d'interprétation, d'invention.» Puis il blâme le romancier d'avoir choisi l'exceptionnel, le monstrueux au lieu du beau et du noble et d'avoir ainsi dégradé l'homme:

> Tant que les hommes guidés par leur esprit d'imitation se sont trouvés aux prises avec le beau, ont gardé par leur éducation et leurs lectures le sentiment de la pudeur et de la dignité, ils se sont élevés, ils ont porté leur regard vers le ciel, cet infini de l'idéalisme.

---

37) Georges Legrand, *François Coppée*, dans *La Revue canadienne*, XXXV (1899), pp. 337-338.

> A partir du moment où la réalité grossière, ordurière, impudique s'implanta dans la société sous toutes les formes de l'image, celle du café concert, celle du drame, celle [...] du roman pornographique, les hommes ne deviennent pas seulement des jouisseurs dissolus. [...]mais ils empruntaient l'habitude d'un langage et d'allures aussi grossiers que leurs sentiments[38].

Ainsi la pensée de De Marchy est basée sur les principes du Beau, du Bien et du Bon, mais interprétés selon une conception trop étroite, comme nous l'avons démontré dans un chapitre antérieur.

Les condamnations du naturalisme furent, au contraire, constantes et absolues, et, toujours aussi, les raisons alléguées se réfèrent à la même conception du roman et à la même rigueur d'interprétation.

Pour Germain Beaulieu, qui commente la brochure *Idéal et Naturalisme*, d'Auguste Santour, le naturalisme est faux, « parce qu'il va à l'encontre des aspirations et des sentiments de notre âme », « parce qu'il est contraire au but utilitaire de l'art d'écrire », « parce qu'il est antisocial[39] »,

Pour Adolphe-Basile Routhier, parce qu'à côté du vice, ils ont oublié de peindre la vertu, ils ont montré le mal et n'ont pas indiqué le remède; ils ont vu le poison et n'ont pas découvert l'antidote sans lequel les sociétés seront perdues[40] »,

Pour Victor du Bled, parce que « ces messieurs oublient que l'art est une réparation des défaillances du réel, qu'il consiste à peindre les choses, non comme elles sont mais elles devraient être [...] ».

Pour Napoléon Legendre, qui a fait l'étude la plus sérieuse

---

38) De Marchy, *Influence littéraire sous Charles X*, dans *Le Monde illustré*, 26 novembre 1895.

39) Germain Beaulieu, *Idéal et naturalisme*, dans *Recueil littéraire*, t. II (1891), p. 491.

40) Adolphe-Basile Routhier, *Causeries du dimanche*, p. 159.

41) Victor du Bled, *Lettre parisienne*, dans *Nouvelles Soirées littéraires*, III, p. 297.

sur les *Réalistes et décadents*, «il y a deux espèces de vrai si l'on peut s'exprimer ainsi: le vrai qui est beau et bon, et le vrai qui est mauvais et repoussant. C'est cette distinction que l'école réaliste ne fait point et c'est en cela que le principe dont elle s'inspire est si repréhensible[42]».

On aura remarqué que ces critiques envisagent plutôt les conséquences morales du Naturalisme que ses principes mêmes. On ne va guère à l'essence de la théorie de Zola qui offrait pourtant sur le plan littéraire plus d'un aspect vulnérable: prétention d'appliquer au roman les méthodes de sciences expérimentales, déterminisme universel imposé à l'homme, sentiments et caractères analysés selon les lois qui régissent la biologie et la physiologie. Tout cet échafaudage scientifique offrait à la critique littéraire un éventail de considérations qui concernaient le naturalisme beaucoup plus en profondeur que la simple analyse des répercussions morales. Il y a certes d'inadmissibles outrances et de brutales descriptions dans les romans naturalistes, mais on aurait pu accorder au moins à Zola le mérite d'avoir attiré l'attention sur la misère du peuple, grâce aux fresques puissantes qu'il a peintes. En un mot, ne faut-il pas s'étonner qu'on se soit contenté de critiquer en moraliste plutôt qu'en littérateur et d'avoir refusé d'analyser, sérieusement et en toute objectivité, une théorie littéraire? C'est là l'aspect essentiel que nous voulons dégager.

Mais peut-être est-ce là trop exiger? Le naturalisme français pouvait-il être compris au Canada? Le milieu social qui le produisit étant si différent avec sa physionomie où, d'après Lanson, le positivisme scientifique domine nettement sur la foi religieuse, les intérêts matériels sur les intérêts moraux, et où les hauts esprits ne croient plus qu'à la science: «positivisme scientifique, scepticisme voluptueux, naturalisme pratique, voilà les formes d'âme que la période où fleurit le naturalisme, offrent le plus souvent[43]. Que l'on mesure l'écart entre cette société, ses problèmes, sa culture, son évolution et la société canadienne-française fortement religieuse, étrangère aux audacieuses théories scientifiques et peu

---

42) Napoléon Legendre, *Réalistes et décadents*, dans *Mémoires et comptes-rendus de la Société Royale du Canada pour l'année 1890*, t. VIII, p. 4.

43) Gustave Lanzon, *Histoire de la littérature française*, p. 1030.

renseignée sur la situation sociale en France. Dès lors, comment l'âme canadienne pouvait-elle approuver ou accueillir une telle théorie, et même concevoir que ce courant pût être le reflet authentique d'un milieu ou d'une mentalité? Voilà pourquoi on a crié à l'invraisemblance ou à l'exceptionnel: ces romans ne pouvaient être l'expression mais une caricature de l'âme française:

> Quel est ce milieu où l'auteur fait naître, vivre et remuer ses bonshommes? C'est la classe des déclassés, c'est la société mal bâtie et sans cohésion des «refusés» de l'art. «des découragés» des lettres, des nullités de la science et des paresseux de tous les états.
>
> Voilà son humanité en petit. Or n'est-ce pas plutôt une humanité rapetissée, estropiée, malade? [...] Si en écrivant cette histoire, je prétends écrire celle de la race humaine, présenter comme générale, universelle, une situation qui n'est en réalité qu'un accident de la nature, je [...] tombe dans le mensonge [...] c'est lui qui est la base principale de toutes les œuvres de Zola[44].

Mensonge, voilà le mot qui rend bien l'état d'esprit du Canadien français à l'égard du naturalisme; voilà la raison du rejet de la théorie, voilà qui rend bien compte de l'incompréhension manifestée ici à l'égard de ce courant littéraire[45].

III

Puisque les romans furent appréciés ou condamnés au Canada français selon leur référence au but qu'on leur assignait,

---

44) Napoléon Legendre, *Réalistes et décadents*, dans *Le Canada français*, t. I (1888), p. 150.

45) Il est une autre variété de roman fort en vogue à l'époque, le roman d'aventures; mais chose curieuse, il n'offre guère prise à la critique. Est-ce une hypothèse trop gratuite de supposer que celle-ci s'en désintéressait parce qu'elle n'y voyait qu'un divertissement qui ne servait guère de buts honnêtes ou utiles?

Quant au roman de caractères, il semble être passé inaperçu. À part une remarque de l'abbé Casgrain félicitant Laure Conan de s'être adonnée à ce genre de roman «qui en fait la supériorité», c'est le silence total.

nous pouvons nous demander si l'opinion de la critique canadienne n'a pas jugé la technique du roman, entendue au sens le plus large, selon les mêmes critères.

Quelle est, à ce sujet, la pensée canadienne? Qu'y trouve-t-on? À vrai dire, fort peu de choses. À part quelques esquisses sur l'histoire du roman et deux ou trois conférences sur le Romantisme ou le Naturalisme, les considérations sur le roman se résument à une brève introduction à l'étude d'un auteur canadien, des remarques insérées dans une conférence sur la mission de l'homme de lettres, sur la formation des jeunes gens ou même sur l'économie politique.

A propos du roman canadien, on souligne d'abord les difficultés que doit affronter le romancier, les circonstances qui entourent la composition des œuvres et, dernier aspect intéressant, le désir de voir la femme devenir romancière.

On avait beau, comme le prétend Philippe Aubert de Gaspé, père, connaître toutes les règles du métier, on se rendait compte que « composer un ouvrage secundum artem » pour prendre son expression, était une entreprise délicate. C'est d'ailleurs un romancier, Eugène Dick, qui, dans une série d'articles intitulés *Promenades à travers les illusions d'un jeune homme de lettres*, expose de la façon la plus franche les tourments du métier:

> Écrire un roman! Hum! c'est bientôt dit; mais c'est, je crois, chose plus difficile à exécuter qu'on ne pense généralement [...]. Il faut un talent spécial et un appareil de rouages tout particulier dans la machine intellectuelle pour réussir dans ce genre de littérature[46].

Hector Fabre explique, pour sa part, les positions précaires où furent acculés nombre de romanciers:

> Dans les loisirs que lui laissait son art [la peinture] M. Bourassa consentit à écrire pour la Revue un long roman qui remplirait dans les douze livraisons de l'année, la place réservée à la littérature légère. C'est cet engagement

46) Winceslas-Eugène Dick, *Promenade à travers les illusions d'un jeune homme de lettres*, dans *L'Opinion publique*, 13 mars 1873.

> pris dans l'intérêt de la Revue qui l'a forcé à donner à son récit des développements, à mon avis, trop considérables. Il y a certains endroits où l'on sent, à l'affaiblissement de l'intérêt, au relâchement du style, l'effort qu'il a fallu faire pour remplir les 25 à 30 pages promises pour la prochaine livraison. La marque des rallonges n'est pas toujours complètement effacée[47].

Est-ce ce sentiment d'inaptitude qui a fait recourir aux femmes ? Toujours est-il que dès 1853, *La Ruche littéraire* fait appel à leur talent :

> Plusieurs femmes d'esprit, et elles sont nombreuses au Canada, ont daigné nous écrire [...] nous ne serions pas fâchés [...] qu'elles nous fissent l'honneur de nous adresser de ces délicieuses bluettes dont elles seules possèdent le secret. Dans les publications anglaises, nous voyons fréquemment figurer le nom d'une charmante Miss ou d'une ravissante Mrs. ; pourquoi donc n'en serait-il pas de même dans les publications françaises [...]. Une femme auteur, c'est un trésor pour le public[48].

Le Journal du dimanche fait, en 1885, un éloge fort habile des romans féminins :

> Parmi les romans que je lis, [...] les romans écrits par les femmes sont ceux que je préfère. La forme en est presque toujours inférieure à celle des livres virils. Mais qu'importe. Les hommes mettent dans leurs romans les observations de leur esprit ; les femmes y laissent échapper les secrets plus intéressants de leur cœur. Certes, la leçon savante faite par le docteur au lit du malade a sa valeur ; mais c'est du malade seul qu'on obtient ces mots profonds qui éclairent le diagnostic. La littérature de nos jours (que ce soit un bien, que ce soit un mal, la chose est délicate à dire) vit presque exclusivement sur l'amour. Le témoignage des femmes devient donc chose d'une impor-

---

47) Hector Fabre, *Écrivains canadiens*, dans *La Revue canadienne*, III (1866), p. 735.

48) *La Ruche littéraire*, I (1853), p. 230.

tance capitale, et ce témoignage, elles l'apportent dans leurs livres[49].

Ce qui laisse croire qu'on s'est inspiré de La Harpe, assez populaire à l'époque :

> Les romans sont, de tous les ouvrages de l'esprit, celui dont les femmes sont le plus capables : l'amour qui en est toujours le sujet principal est le sentiment qu'elles connaissent le mieux. Il y a dans la passion une foule de nuances délicates et imperceptibles, qu'en général, elles saisissent mieux que nous, soit parce que l'amour a plus d'importance pour elles, soit parce que, plus intéressées à en tirer parti, elles en observent mieux les caractères et les effets[50].

Quoi qu'il en soit, ce sentiment d'incapacité à posséder la technique romanesque, les difficultés de composition et le manque de loisirs expliquent en partie la lenteur du développement de ce genre littéraire au Canada. L'ampleur de la tâche demandait un effort soutenu. Aussi la plupart des auteurs se sont confinés, de préférence, au conte, à la nouvelle ou à la légende.

Un autre aspect soulevé par les critiques a trait à la technique de narration. J.-O. Fontaine n'aime pas les interventions multiples du romancier dans le récit : « Le personnage le plus désagréable, c'est l'auteur lui-même. Chaque fois qu'il paraît sur la scène, on peut s'attendre à quelque chose de choquant[51] ». Edmond Lareau déteste le procédé de Deguise qui « met dans la bouche d'un autre le récit qui devrait se passer sous les yeux du lecteur [...] c'est un procédé usé que celui-là[52] ». Enfin, on reproche aux auteurs de ne pas « rendre les récits plus dramatiques[53] », de développer « une intrigue faible, une action souvent embarras-

---

49) *Le Journal du dimanche*, 31 janvier 1885.

50) La Harpe, *Cours de littérature*, t. III, p. 185.

51) J.-O. Fontaine, *Deux romans de Marmette*, dans *La Revue canadienne* XIV (1877), p. 496.

52) Edmond Lareau, *Histoire de la littérature canadienne-française*, p. 326.

53) *L'Avenir*, 31 octobre 1848.

sée de descriptions interminables[54] ».

On souligne déjà, à l'époque, le difficile problème du dialogue. Mais, à vrai dire, le nœud de la question échappe à la plupart, sauf peut-être à Benjamin Sulte qui écrit cette intéressante remarque :

> Disons aussi qu'il est difficile de bien écrire le dialogue en ce pays. De là vient probablement que nous n'avons pas encore de pièces de théâtre passables [...]. Le roman canadien en général évite la chute en supprimant le dialogue mais il en résulte par endroit un vide fatiguant. Le mouvement du dialogue est aussi sans pareil pour rendre certaines scènes [...]. Malheureusement la conversation est inconnue dans ce pays ; ici comme ailleurs, les hommes ne causent point, ils parlent à court d'haleine et leur vocabulaire offre un maigre aliment au littérateur. C'est à la femme qu'appartient la plume de la conversation, tant qu'elle ne voudra point s'en emparer, nous serons condamnés à hocher des dialogues sans verve dans un langage inintelligible. Ayons des salons où l'on cause[55].

Dans l'ensemble, on se contente de déplorer chez les « personnages canadiens un langage d'une trivialité qui donne une idée peu flatteuse et peu exacte de notre peuple[56] ». H.-R. Casgrain[57], L.-M. Darveau[58], Edmond Lareau[59] le reprocheront à l'auteur de *Charles Guérin*, tandis que *Picounoc le Maudit* subira, pour la même raison, le blâme de Joseph Desrosiers[60].

Le souci de vraisemblance fait aussi l'objet de la critique. Une polémique assez célèbre s'éleva à ce sujet dans *Le Populaire* de 1837 entre un jeune homme de 16 ans, qui signe Pierre-André,

---

54) Joseph Desrosiers, *Picounoc le Maudit par Pamphile LeMay*, dans *La Revue canadienne*, XV, (1878), p. 480.

55) Benjamin Sulte, *François de Bienville de Marmette*, dans *La Revue canadienne*, VII (1870), p. 778.

56) Joseph Desrosiers, *ibid.*, p. 481.

57) Henri-Raymond Casgrain, *Oeuvres complètes*, t. III, p. 97.

58) L.-M. Darveau, *Nos hommes de lettres*, p. 139.

59) Edmond, Lareau, *Histoire de la littérature canadienne-française*, p. 285.

60) Joseph Desrosiers, *loc. cit.*

et Philippe Aubert de Gaspé, fils, à propos du *Chercheur de trésors ou l'Influence d'un livre*[61]. J.-O. Fontaine critiquera «les dénouements imprévus, inimaginables» de Joseph Marmette, dans *L'Intendant Bigot*, et Edmond Lareau souhaiterait, chez le notaire l'Écuyer, plus de couleur locale et moins de conventionnel:

> Cette nouvelle n'a de canadien que le nom de l'auteur et l'endroit où les événements se développent. Les personnages sont des Québecquois qui ressemblent beaucoup aux bandits des Alpes.
>
> J'y lis des descriptions de beautés féminines fort surannées. Qu'on me fasse grâce des cous d'albâtre, des lèvres de corail et des joues au vif incarnat. J'admets qu'une femme soit belle et j'aime qu'elle le soit, mais je jalouse ces beautés de marbre qui n'existent que dans l'esprit des poètes et des artistes[62].

Quant au style, on attribue à nos auteurs les défauts mêmes du romantisme décadent: description encombrées d'épithètes, abus des figures, exagérations des couleurs, certaines mièvreries, emphase, incorrections fréquentes, etc.

C'est en résumé l'essentiel de la critique sur le roman canadien. Cela est bien mince et, somme toute, très superficiel.

Au sujet de la technique du roman étranger, un fait saute aux yeux: rarement un Canadien se hasarde à la critique. Seul, le juge A.-B. Routhier, qui, nous entretenant dans *Causeries du dimanche*, du *Fior d'Aliza* de Lamartine, et du *Corbin et d'Aubecourt*, de Louis Veuillot, y traite du style et de l'intensité dramatique. Peut-être éprouve-t-on le complexe du critique amateur devant l'écrivain professionnel! On a tellement le sentiment d'être en retard et d'improviser que l'on craint certainement de commettre des gaffes en se livrant à des affirmations trop catégoriques.

Plus fondés en raison nous apparaissent d'autres arguments qui rendent compte à la fois de la timidité devant la technique des romans étrangers et de la médiocrité des jugements sur la techni-

---

61) *Le Populaire*, 11 octobre 1837.

62) Edmond Lareau, *Histoire de la littérature canadienne-française* p. 277.

que des romans canadiens. Ne faut-il pas convenir en premier lieu que ce genre de critique est fort difficile? «Chacun déplore cette absence [...] mais personne n'ose entreprendre cette tâche difficile et ingrate» écrivait Casgrain en 1872[63]. Il est évident que la critique méthodique ne pouvait exister à une époque où la littérature était naissante. Aussi, ne pouvait-on espérer, au XIXe siècle, qu'une critique à bâtons rompus, faite à partir de réflexions non pas d'hommes de métier mais de journalistes ou d'écrivains qui désiraient faire progresser les lettres canadiennes.

De plus, une critique aussi peu systématique adoptera tout naturellement la solution de la facilité qui consiste à passer sous silence les aspects techniques d'un genre pour s'attarder surtout à des considérations d'ordre moral ou social. Celles-ci relèvent plutôt de la culture générale et exigent moins de connaissances littéraires. Il se trouvait que ces considérations pouvaient être justifiées par les principes qui dominaient la conception du roman ou par le but qu'on lui assignait; et c'est ainsi qu'un aspect plus commun et plus facile de la critique a permis d'escamoter l'aspect plus austère et plus spécifique de l'art romanesque lui-même.

IV

Au terme de ce chapitre où nous avons étudié à quel point la valeur littéraire du genre romanesque fut conditionnée par le but que la critique canadienne donnait au roman, une question vient à l'esprit: fut-elle originale ou influencée par la France, cette opinion canadienne-française, qui s'attachait à ne voir dans le roman qu'un genre futile ou secondaire, qui appréciait le roman historique, méprisait le roman réaliste ou naturaliste et n'accordait qu'une importance relative à la technique romanesque?

Précisons qu'il ne s'agit point ici de répéter ni même de commenter les études fort bien faites sur l'influence des écoles littéraires françaises, mais simplement de chercher à savoir si la réaction des critiques et des moralistes canadiens-français — non celle des romanciers — touchant la production romanesque fut

63) Henri-Raymond Casgrain, *Oeuvres complètes*, t. III, p. 92.

influencée par un courant littéraire français. Nous inspirant de la thèse de Georges May, *Le dilemme du roman au XVIII*^e^ *siècle*, tentons une rapide synthèse de l'histoire de la critique romanesque en France, pour en dégager les divergences ou les points communs avec le mouvement canadien-français et pour mettre ainsi en relief un certain parallélisme.

En France, le roman fut longtemps considéré comme un genre secondaire. D'après Georges May, jusqu'à *La Nouvelle Héloïse* de Rousseau, l'ombre du classicisme plana sur lui et on l'attaqua, tantôt au nom des valeurs morales, (il est taxé d'immoralité à cause du rôle privilégié qu'y tient l'amour), tantôt au nom des valeurs esthétiques (le roman n'a point conquis ses lettres de noblesse, puisqu'il est inconnu de l'antiquité).

Si, au Canada, le roman fut aussi considéré comme un genre secondaire, ce fut, nous l'avons vu, pour des raisons d'un autre ordre, de sorte qu'au point de vue littéraire l'influence du classicisme, sur ce point, serait difficile à déceler.

May démontre ensuite comment, malgré la persistance du goût pour l'irréel et l'extravagant au cours du XVIIIe siècle, le roman s'acheminera par vagues successives vers le réalisme et le naturalisme. En situant l'intrigue dans un lieu et une époque historiques, on dissocia graduellement le roman de la poésie épique pour le situer plutôt dans le sillage des genres historiques ; puis, ce réalisme de décor impliquant la nécessité de nouvelles méthodes narratives, ce fut, vers 1730, la mode de la chronique, du roman-mémoire. Enfin, de ce réalisme historique on glissa vers le réalisme social et moral, dans lequel on s'efforça systématiquement d'ouvrir le roman à des personnages qui en étaient exclus jusque-là, à cause de leur naissance médiocre ou de leurs mœurs dépravées. Ces transformations s'opèrent graduellement sous l'influence de la grande loi classique de la vraisemblance et malgré l'opposition d'une critique qui luttait au nom des valeurs morales.

Un siècle et demi plus tard, le Canada français passa, lui aussi, par les mêmes phases, mais dans un contexte bien différent : alors qu'en France le roman historique et le roman de mœurs s'imposèrent en dépit de la critique moralisatrice, ici, cette même critique préconisa ces deux formes de romans pour contrer un réalisme plus poussé.

Mais, on le voit, en France au XVIIIe siècle, comme au Canada au XIXe siècle, la critique basa toujours son argumentation sur des valeurs morales plutôt qu'esthétiques, de sorte que l'influence des principes proprement littéraires fut à peine perceptible. Aussi, il apparaît clairement qu'au Canada les critères pour juger de l'importance du genre romanesque s'inspirèrent beaucoup moins des principes des écoles classique, romantique ou réaliste, que des principes religieux et moraux du catholicisme.

Et si l'on hésitait à le croire, nous pourrions ajouter que certains principes du classicisme ou du romantisme ne furent acceptés, ici, au cours du XIXe siècle, qu'en raison de leur concordance avec la religion catholique. Thomas Chapais, par exemple, dans un effort pour faire accepter ici le romantisme « adressait à la littérature classique, trois reproches sérieux: elle n'est pas assez humaine, pas assez nationale, et pas assez chrétienne » et, commentant la thèse romantique de 1820, il proclamait: « Nous sommes romantiques parce que nous sommes chrétiens, parce que nous aimons la gloire et le passé de la France[64] ». L'abbé Casgrain aussi, pour répondre à certaines objections, écrivait que « ce qu'il y a de plus caractéristique et de plus original dans l'école romantique a été recueilli par des écrivains d'une parfaite orthodoxie » religieuse, citant Louis Veuillot, Wiseman, Victor de la Prade, etc.[65]. Telle fut aussi l'opinion de Savary, Desrosiers, Crémazie et de plusieurs autres.

Ainsi donc en ce domaine, la critique romanesque du Canada français accordait aussi la primauté aux valeurs morales sur les valeurs esthétiques.

---

64) Thomas Chapais, *Classiques et romantiques*, dans *La Revue canadienne*, nouvelle série, II (1882), p. 37 sq.

65) Henri-Raymond Casgrain, *Oeuvres complètes*, t. III, préface.

Conclusion

Malgré ses lacunes, la critique canadienne-française exerça, au XIXe siècle, une influence sensible sur l'opinion publique. Au nom d'un idéal moral et religieux élevé, elle n'hésita pas à combattre avec vigueur deux courants favorables au roman: le premier, l'affluence sans cesse croissante du roman français au Canada, l'autre, le goût de plus en plus prononcé des lecteurs pour les œuvres romanesques. Malgré la force ascensionnelle de ce double courant, la critique remporta une victoire marquée: s'il n'y eut régression, ni dans le commerce du roman étranger, ni dans le nombre des lecteurs, du moins les principes émis par les critiques s'imposèrent tout au cours du siècle.

À quoi est due cette influence? Le prestige social de la critique et son caractère monolithique expliquent à notre avis son autorité incontestée. Par ailleurs, la société canadienne-française nous semble présenter certains traits qui favorisèrent l'emprise de cette critique: elle accordait la priorité aux valeurs morales sur les valeurs intellectuelles et elle abordait toutes questions avec un esprit plus polémique qu'objectif.

Exposons ces quatre facteurs qui nous permettront de dégager les lignes de force de notre recherche.

Qui sont ceux dont l'ensemble des opinions a constitué ce qu'on appelle «la critique romanesque canadienne»? Parmi eux, aucun critique de carrière, mais des amateurs, et, qui plus est, des amateurs qui n'accordent au roman qu'une attention assez distraite. Les grands noms de la littérature canadienne du XIXe siècle, Crémazie, Parent, Casgrain, Chapais, LeMay, Routhier, n'ont guère étudié ce genre littéraire et la majorité de ceux qui ont prononcé des conférences ou rédigé des articles sur le sujet sont à peine des gens de lettres. Ils forment cependant l'élite de la classe instruite du pays et le prestige certain dont ils jouissent dans leur carrière respective, sacerdoce, droit, journalisme, politique, enseignement, leur confère le privilège d'être écoutés attentivement. Ils peuvent ainsi faire autorité en matière de littérature, à une époque où les connaissances du public le plus cultivé sont assez restreintes. Aussi, est-ce moins la valeur de leurs écrits que l'ascendant de leur personne qui en imposent au public. En somme, on se rend à des arguments d'autorité plutôt que de raison. Mais il ne faut pas oublier qu'une classe dirigeante qui se fait accepter aussi spontanément (par le prestige de son autorité plutôt que par la force de ses arguments) exerce une pression sociale extrêmement puissante, pression à laquelle il est pratiquement impossible de s'opposer sans être mis au ban de la société.

Ce prestige social de la critique fut néfaste à l'évolution du roman. Est-ce normal que des hommes qui se livrent à la critique en dilettantes et qui sont assurés d'être écoutés du simple fait qu'ils se prononcent, n'éprouvent point le besoin de formuler une critique substantielle et objective et se contentent de répéter des idées acceptées d'avance par le milieu qui les reçoit? Une critique médiocre n'est guère favorable à l'évolution d'un genre.

Mais, plus en profondeur, en assignant un but moral au roman, ces gens de professions diverses utilisèrent inconsciemment la critique littéraire à des fins sociales et contribuèrent ainsi à créer une confusion regrettable entre le critique littéraire et le moraliste. Celui-ci a supplanté l'autre au grand détriment du genre romanesque. Comme le fait remarquer le Père Angers[1], la tâche

---

1) Pierre Angers, *Foi et littérature*, pp. 1-23.

du moraliste consiste à porter un jugement sur l'influence bonne ou mauvaise qu'une œuvre pourrait exercer dans un milieu donné. Cette dernière tâche répond à un besoin et, quand elle est accomplie avec tact et discernement, elle ne saurait être tenue pour méprisable. Mais, quand le moraliste juge une œuvre littéraire, il se soucie d'abord de l'usage qu'en fera tel lecteur donné avec sa culture et sa maturité. Son jugement s'inspire de la vertu de prudence et descend dans l'ordre pratique. Tandis que la critique est, par sa nature, une activité spéculative, dont l'objet est de connaître une œuvre, de l'interpréter, de fournir la pleine intelligence de son contenu, de la comprendre dans toute sa richesse aussi bien que dans ses lacunes. Elle ne juge donc pas en fonction des lecteurs mais de l'œuvre.

Pour n'avoir point fait cette nette distinction entre la fonction du critique et celle du moraliste, on a toujours jugé du roman en moraliste, par rapport au bien du lecteur et l'on a ignoré la valeur d'art de l'œuvre elle-même. Le souci de se montrer intransigeant dans l'ordre du bien moral a fait oublier le respect à l'égard des valeurs romanesques. Maritain a écrit ces mots qui pourraient servir de jugement sur l'époque que nous étudions : « Chaque fois que, dans un milieu chrétien, il trouve le mépris de l'intelligence ou de l'art, c'est-à-dire de la vérité et de la beauté, qui sont des noms divins, soyons sûrs que le diable marque un point[2] ».

* * *

En deuxième lieu, l'opinion canadienne-française à l'égard du roman n'évolua guère à cause du caractère monolithique de la critique.

Nous avons pu constater, à propos de la conception idéale du roman, et de ses conséquences d'ordre moral et littéraire, un accord si constant que les timides réserves exprimées semblent n'avoir été qu'un procédé de contraste pour mieux souligner l'unanimité des opinions. L'exception confirme la règle. Sans doute, a-t-on connu des polémiques retentissantes à propos de l'Index, voire des procès qui semblent contredire cette affirma-

2) Jacques Maritain, *Art et scholastique*, p. 233.

tion. Mais un examen approfondi révèle que l'opposition, si tapageuse fût-elle, n'envisage pas l'aspect littéraire et ne fait point appel pour défendre son point de vue à des arguments d'ordre esthétique. La censure ecclésiastique sur les romans n'est pour les récalcitrants qu'une occasion de réclamer la liberté de presse ou de parole, un prétexte pour défendre le principe de la tolérance ou du libre-examen: des arguments d'ordre politique ou social, en somme, qui s'inspirent beaucoup plus du libéralisme doctrinal que des principes littéraires ou des théories des écoles réaliste ou naturaliste. Ce sont des politiciens qui se servent de la littérature pour défendre leur cause et non des littérateurs qui se réclament d'un credo littéraire différent. De sorte que ces disputes n'ont guère contribué à faire évoluer la critique et ne mettent pas en cause l'unanimité des opinions sur le roman.

Or cette unanimité de pensée de la critique à laquelle s'ajoute, en raison de la pression sociale, la conformité des goûts du public, ne peut être que défavorable à l'évolution du roman voué ainsi à la stagnation, à la sclérose. L'expérience française est là pour le prouver. Choisissant la période de 1715 à 1760 qui lui permettait d'illustrer sa thèse, May[3] démontre comment le désaccord entre critiques et romanciers sur la notion de roman moral favorisa l'évolution de celui-ci vers un réalisme de plus en plus poussé, tandis qu'échoua l'accord qui se fit entre ces deux groupes, après le succès de *La Nouvelle Héloïse*, où le roman, aboutit à une véritable stérilisation. D'après lui, c'est un fait reconnu, que le roman ne connut jamais autant d'obstacles qu'entre 1725 et 1760. De toutes parts pleuvent les attaques contre ce parvenu de la République des lettres. En conséquence, les romanciers se virent dans l'obligation de justifier leurs ouvrages, soit du point de vue esthétique, soit du point de vue moral. La critique, reprochant au roman son manque de goût, eut pour premier effet d'éloigner les romanciers de l'extravagance romanesque et de les pousser vers le réalisme. Cette nouvelle orientation fut lente et progressive: le premier pas fut de situer l'action dans un lieu précis et une époque déterminée, d'utopique et imaginaire qu'elle

---

3) Georges May, *Le dilemme du roman au XVIIIe siècle*.

était au XVIIe siècle. Le goût de ce réalisme les mena vers des formes plus ambitieuses et plus audacieuses: on se mit à décrire des mœurs et à peindre des caractères. Ce fut le réalisme social, puis moral, qui s'imposa malgré la critique traditionnelle que les romanciers s'efforcèrent d'amadouer, par des préfaces ou des traités d'une ingéniosité fort habile.

Si l'opposition provoqua l'émulation, l'entente cordiale entre romanciers et critiques engendra l'inertie. De façon à peu près universelle, après le succès de *La Nouvelle Héloïse*, poursuit May, critiques et romanciers chantèrent à l'unisson les louanges du roman didactique, du roman d'utilité morale. « Cet accord eut pour effet néfaste de réduire le roman au rôle de sermon laïc et de le priver de cette liberté d'expérimenter et d'innover dont l'avenir devait démontrer au cours des XIX et XXe siècles qu'elle était la condition essentielle à la vitalité d'un genre et à son développement[4] ».

Nous inspirant de cette expérience, ne sommes-nous pas en mesure de conclure qu'au Canada français le roman s'est vu condamner au genre moralisateur, parce qu'il n'a pas trouvé de défenseurs sérieux, capables de s'opposer, par des arguments solides ou du moins par leur prestige, à la critique traditionnelle qui faisait, de la prédication morale, la fonction principale du roman. Or cette forme de roman est limitée et invite peu à l'évolution.

Ainsi privé d'apologistes compétents, non seulement le roman se sclérosa, mais n'eut guère droit de cité. Dans toute société, certains mots sont si chargés de valeur affective qu'ils provoquent spontanément le mépris ou la répulsion. Le terme roman fut, au XIXe siècle canadien-français, un de ces mots chargés de valeur diffamante: il devint synonyme de légèreté, de perversion. Dès qu'un article traite du roman, on est sûr que des termes comme danger, immoralité, futilité, perversion se dégagent tout naturellement de la pensée de l'auteur. Ou encore on dira: « C'est une liseuse de romans! », et voilà une personne classée. À remarquer d'ailleurs l'emploi du féminin qui ajoute à la puérilité de l'occupation et donne à croire qu'un adulte n'ose guère s'adonner

4) Georges May, *Le dilemme du roman au XVIIIe siècle*, p. 4.

à de telles fadaises. Il devient dès lors évident que, même auprès d'un public cultivé, le roman est diffamé et ne peut guère conquérir ses lettres de noblesse. À cet égard, le fait est révélateur de ces romans, publiés pour la plupart à l'abri d'une préface, où l'auteur s'excuse d'écrire un roman et avoue par là un certain sentiment de culpabilité.

Une telle pression sociale a certainement contribué à paralyser l'effort romanesque. Est-ce exagéré de voir dans cet aveu de J. de Lorde un symbole du climat qui pesait sur les romanciers? *Le Recueil littéraire* avait annoncé la publication d'un roman canadien inédit[5], quand l'auteur écrivit, au directeur, Pierre Bédard, ce qui suit:

> Vous m'aviez demandé de publier mon roman canadien: *Un Amour* et j'y avais consenti avec plaisir.
>
> [...] Mais quand j'ai vu les premiers feuillets imprimés d'*Un Amour*, j'ai eu quelques scrupules, j'ai craint que certains passages de ce roman ne fassent trop légers et, par conséquent, peu orthodoxes pour le public canadien.
>
> Inquiet à ce sujet, j'ai soumis mon travail à un ami [...] Savez-vous ce que m'a répondu ce juge intègre? «C'est un roman très intéressant mais qui fera plus de mal que de bien, moralement parlant [...]».
>
> J'ai accepté ce jugement et l'œuvre a été brûlée. Voilà pourquoi [...] *Un Amour* ne paraîtra pas ni dans *Le Recueil littéraire*, ni ailleurs[6].

Ce témoignage illustre ce qu'écrivait dès 1879, *L'Opinion publique*:

> Il faut [...] une vocation irrésistible pour oser écrire des romans au Canada [...]. Conquérir le cœur d'une jeune fille qui s'ignore elle-même; fixer les sentiments d'une veuve volage, [...]; vaincre une belle-mère; obtenir la main d'une princesse [...] qu'est-ce que tout cela comparé à

---

5) *Le Recueil littéraire*, t. II (1891), p. 180.
6) *Loc. cit.*, p. 218.

ceci: écrire un roman canadien! Que de précautions, que de vigilance sur soi-même, que de sévérité à l'égard de ses personnages, quelle police intérieure! Je ne verrais qu'un moyen d'échapper à la difficulté: ce serait de faire du roman réaliste, de peindre exactement la réalité, la réalité de tous les jours. En se voyant dans ce miroir fraîchement posé, notre société deviendrait indulgente pour les erreurs des autres sociétés; mais malheur à celui qui le premier tiendrait le miroir.

Ma conclusion, vous l'attendez; la voici: C'est qu'il n'y a rien de plus facile au Canada que de ne pas écrire de romans[7].

* * *

Un troisième facteur explique l'attitude des Canadiens français à l'égard du roman: c'est l'état d'esprit qui régnait au Canada français, état d'esprit caractérisé par le primat des valeurs morales sur les valeurs intellectuelles. Sans prétendre cerner toute la réalité canadienne-française de l'époque et sous réserve d'en vérifier l'exactitude dans les autres domaines de l'activité humaine, les constatations que nous avons faites au cours de cette recherche nous inclinent à croire qu'on a tellement insisté dans le passé sur la formation morale, sur la conception d'un idéal religieux et sur les moyens de l'acquérir, que les disciplines intellectuelles et littéraires ont été parfois reléguées au second plan; on était tellement animé d'un haut idéal de formation du caractère qu'on a été tenté de négliger dans une trop large mesure la qualité de l'effort de pensée. N'y a-t-il pas eu une certaine méfiance à l'égard de l'intelligence assimilée trop facilement au dilettantisme? Sans doute s'agit-il ici de constater un fait et nullement de lancer une accusation. Nos difficultés historiques nous ont imposé d'être une force morale avant d'être une présence intellectuelle et ce fut très heureux, car un équilibre moral est indispensable à la fécondité de l'esprit. Il ne s'agit pas non plus de prétendre que la vie intellectuelle a été absente du milieu canadien-français; elle fut même remarquablement vigoureuse chez un bon nombre de gens. Mais à l'époque, n'a-t-on pas été tellement obsédé par la sauve-

---

7) *L'Opinion publique*, 26 juin 1879.

garde de la foi et de la morale qu'on a choisi de vivre en univers clos, replié sur soi-même et soupçonneux à l'égard de toute idée nouvelle qui risquait de porter atteinte aux valeurs reçues? De ce fait, le genre romanesque constituait un domaine suspect qui semblait comporter un choix radical entre l'art et la morale, la foi et une certaine littérature. L'ambiance culturelle a incité à sacrifier l'art à l'avantage de la morale plutôt qu'à concilier, dans une recherche ardue mais possible, des valeurs en apparence contradictoires. Ce fut une erreur: « S'effrayer de l'art, le fuir et le faire fuir, n'est certainement pas une solution. Il y a une sagesse supérieure à faire confiance aussi largement que possible aux puissances de l'esprit[8] ».

* * *

Enfin notre recherche nous invite à dégager un dernier aspect: ce mépris ou du moins cette suspicion à l'endroit des audaces intellectuelles et artistiques, empêchant l'esprit de se complaire aux simples spéculations, a fortement marqué l'esprit canadien et à nui à son objectivité. C'est là une autre caractéristique de l'époque qui aura des répercussions graves sur la critique littéraire, la critique du roman en particulier.

C'est un fait indéniable qui se manifeste dans tous les domaines de l'activité humaine, que ce soit celui de la religion, de l'éducation, de la littérature ou de la politique: au Canada, le XIXe siècle fut un siècle de combat, de luttes, de polémiques, de parti pris. Napoléon Legendre faisait en 1877 la réflexion suivante:

> Je ne puis m'empêcher de dire qu'il y a dans la plupart de nos journaux un manque étonnant de manières politiques et sociales. On ne discute pas, on crie, on ne raisonne pas, on frappe. On ne recule devant rien. Il n'est pas d'injure si violente que l'on n'imprime en toutes lettres. Les colonnes de certains journaux ressemblent moins à une joute honnête qu'à un arène de pugilat[9].

---

8) Jacques Maritain, *Art et scolastique*, p. 233.
9) Napoléon Legendre, *Écho de Québec*, t. II, p. 195.

Ce qu'il s'agit ici de mettre en évidence, ce sont les répercussions d'un tel état sur la formation des esprits de l'époque, qui, sans en prendre conscience, deviennent, en pratique, incapables d'objectivité. D'instinct, on recherche l'opposition, la chicane; on a besoin d'adversaires pour mieux mettre son esprit en branle. La tendance naturelle n'est pas de chercher à comprendre l'autre, de recourir à lui pour nuancer ses propres jugements ou découvrir des aspects différents d'un même problème, mais d'affirmer péremptoirement et de croire que l'affirmation a d'autant plus de valeur qu'elle s'oppose avec plus de force aux arguments de l'adversaire. Il ne s'agit pas d'échanger mais de discuter, pas de comprendre mais d'avoir raison.

En somme, l'esprit cherche moins à connaître la vérité qu'à gagner les cœurs: si l'on combat, si l'on engage des polémiques, c'est qu'on veut gagner des adeptes, triompher. Conscients du fait que la société canadienne-française est en pleine évolution et à la recherche de son orientation, écrivains ou penseurs se préoccupent, selon leurs tendances, soit à lui faire prendre conscience des richesses du catholicisme et à préserver ce trésor de toute contamination, soit à ouvrir l'esprit des Canadiens français aux idées modernes de libéralisme et d'humanitarisme qui triomphent alors en Europe. De part et d'autre, cette préoccupation inspire tout écrit, toute action. En somme, on baigne dans un milieu où la pensée est forcément engagée et ne peut guère se libérer des entraves que lui imposent les circonstances historiques.

Qu'un tel climat soit peu propice à l'enrichissement du roman, cela va de soi. Au fond, ces esprits engagés ne s'intéressent guère à la littérature que pour combattre leurs adversaires. Chaque roman, chaque feuilleton, venu d'Europe ou édité au Canada, sera susceptible de servir ou de décrier la cause qu'on a embrassée. « Ce roman est-il moral ou non? Ce roman nous permet-il de communier aux idées de la France moderne? » Tels sont les deux seuls critères de chaque camp et au nom desquels on jugera de l'œuvre en question. On ne se demande pas si le roman permet une analyse profonde et vraie du cœur humain, s'il fait connaître un milieu de vie, s'il exprime des émotions réelles. On n'est guère attentif qu'aux théories sociales ou morales que l'œuvre comporte. Obsédé par ce seul aspect, on lui accorde une importance exclusive qui va jusqu'à déformer le roman pour en montrer les répercussions possibles sur le lecteur et, au nom de ces seules théories, on condamne toute l'œuvre, quitte à mentionner rapidement les autres valeurs du roman qu'on relègue au second ordre.

Bibliographie

1. Sources manuscrites

Programme des études au Petit Séminaire de Québec. Aux Archives du Séminaire de Québec: pour 1840-41, manuscrit 13, no 56A; pour 1841-42, manuscrit 13, no 56B; pour 1863-64, manuscrit 69, nos 24, 24A.

Notes utiles, écrites par Prosper Vincent — ecclésiastique, le 5 décembre 1867. Manuscrit 653, conservé aux Archives du Séminaire de Québec.

Lettre de Charles Vincelette à Mgr Louis-F. Laflèche, évêque de Trois-Rivières, le 9 juillet 1882. Aux Archives du Séminaire des Trois-Rivières, B2, V 158.

Lettre de Jules-Paul Tardivel à Mgr Louis-F. Laflèche, évêque des Trois-Rivières, le 18 mars 1885. Aux Archives du Séminaire des Trois-Rivières, B2, T 144.

Correspondance entre Mgr Louis-F. Laflèche, évêque de Trois-Rivières, et M. l'abbé Dugas au sujet des feuilletons parus dans les journaux de 1889 à 1892. Aux Archives du Séminaire des Trois-Rivières, A2, D 64.

II. Sources imprimées

Volumes, brochures, plaquettes

Babonneau, R. Père, o.p. *Lacordaire et les jeunes gens. Lecture faite au Cercle Ville-Marie de Montréal*. Montréal, Sénécal et fils, 1891,. 59p. 17.5cm.

Baillargé, abbé F.-A. *Coup de crayon*. Joliette, l'Étudiant, 1889. 224p. 19cm.

Baillargé, abbé F.-A. *La littérature au Canada en 1890*. Joliette, 1891, 352p. 15.5cm.

Baillargeon, C. *Recueil d'Ordonnances Synodales et Épiscopales du diocèse de Québec*. Québec, [s.é.], 1859, 316p. 18cm.

Barthe, Joseph-Guillaume. *Les Souvenirs d'un demi-siècle ou Mémoires pour servir à l'histoire contemporaine*. Montréal, J. Chapleau et Fils, 1885, xvii-482p. 18cm.

Beaudry, Hercule. *Le Conseiller du peuple ou réflexions adressées aux Canadiens français par un compatriote*. Québec, Langlais, 1877, 2e édition, 218-IV p. 17cm.

Beauregard, Honoré. *Mélanges, Trois conférences*. Montréal, La Patrie, 1888, 149p. 23cm.

Bédard, abbé M.-H., p.s.s. *Le jeune homme et la littérature. Lecture faite au Cercle Ville-Marie de Montréal*. Montréal, Sénécal et Fils, 1892, 51p. 16.5cm.

Bédard, P.-J. *Études et récits*. Montréal, G.A. et W. Dumont, 1890, 214p. 17cm.

Bellerive, Georges. *Orateurs canadiens-français en Angleterre, Écosse et Irlande. Conférences et Discours*. Québec. Le Soleil, 1912, 238p. 23cm.

Bellerive, Georges. *Conférences et Discours de nos hommes publics en France*. Québec, Brousseau, 1902, XVIII-231p. 23cm.

Bender, P. *Literary Sheaves or La Littérature au Canada français*. Montreal, Dawson Brothers, 1881, 215 p. 18 cm.

Bernard, abbé F.X. *Mandements, Lettres pastorales et Circulaires des Évêques de St-Hyacinthe*, publiés par M. l'abbé F.X. Bernard. Montréal, C.O. Beauchemin, 9 volumes, 20 cm.: I, 1888, 576 p.; II, 1889, 538 p.; III, 1889, 534.; IV, 1890, 618 p.; V, 1893, 560 p.; VI, 1894, 556 p.; VII, 1895, 562 p.; VIII, 1898, 560 p.; IX, 1899, 564 p.

Berthelot, Hector. *Les Mystères de Montréal, roman de mœurs*. Montréal, Pigeon, 1898, 118 p., 22.5 cm.

Bibaud, Maximilien (dit le jeune). *La Panthéon canadien, choix de biographies*. Montréal, J.M. Valois, 1891, nouvelle édition, 320 p. 22cm.

Bibaud, Maximilien (dit le jeune). *Bibliothèque canadienne ou Annales Bibliographiques*. Montréal, Cérat et Bourguignon, [1859?], 52 p. 18.5cm.

Blain de St-Aubin, Emmanuel. *Quelques notes sur la littérature canadienne-française*, Montréal, E. Sénécal, 1871, 22 p. 24cm.

Boucherville, Pierre-Georges Boucher de, *Une de perdue, deux de trouvées*. Montréal, Beauchemin, 1913. 363 p. 26 cm.

Boucher de la Bruère. *De l'Éducation. Conférence faite en février 1881 devant le Cercle catholique de Québec.* St-Hyacinthe, Courrier de St-Hyacinthe, 1881, 40 p. 22cm.

Bourassa, abbé Georges. *Conférences et Discours.* Montréal, Beauchemin et Fils, 1899, 320 p. 23cm.

Bourassa, Napoléon. *Jacques et Marie, Souvenir d'un peuple dispersé.* Montréal, Cadieux et Derome, 2e éd., 1886, 290 p. 26cm.

Bourassa, Napoléon. *Lettres d'un artiste canadien.* Bruges, Desclée De Brouwer, 1928, 500 p. 19cm.

Bourget, Mgr Ignace. *Lettres pastorales de Mgr l'Évêque de Montréal contre les erreurs du temps* (en date du 10 mars 1858), *sur l'Institut Canadien et les mauvais livres* (en date du 30 avril 1858), *sur les mauvais journaux* (en date du 31 mai 1858). Montréal, Olinquet et Laplante, [s.d.], 45 p. 20.5cm.

Bourget, Mgr Ignace. *Fioretti vescivoli ou extraits des Mandements, lettres pastorales et circulaires* de Mgr I. Bourget. Montréal, Le Franc Parleur, 1872, VII-202 p. 19cm.

Bourget, Mgr Ignace. *Dernier avis de Sa Grandeur Mgr Bourget à ses jeunes prêtres.* Montréal, 1877, 45 p. 19 cm.

Bourinot, J.G. *Our intellectual Strength and Weakness, a Short Review of Literature, Education and Art in Canada.* Dans *Mémoires et comptes-rendus de la Société Royale du Canada pour l'année 1893,* Ottawa, John Durie et Fils, 1894, tome XI, 1ère série, section II, p. 3-54, 29cm.

Brunet, Ludovic. voir Deguise, Charles.

Buies, Arthur. *Les jeunes Barbares, Réminiscences.* Québec, à l'Électeur, 1892, 110 p. 18cm.

Buies, Arthur. *Petites Chroniques pour 1877.* Québec, C. Darveau, 1878. XXXVI-162 p. 17cm.

Buies, Arthur. *Chroniques. Humeurs et caprices.* Québec, Darveau, 1873, VII-400 p. 17cm.

Buies, Arthur. *Récits et Voyages.* Québec, C. Darveau, 1890, 271 p. 18.5cm.

Caouette, Jean-Baptiste. *Le Vieux Muet ou un héros de Chateauguay.* Avec une préface de l'abbé P.E. Roy. Québec, Le Soleil, 1901, VIII-412 p. 22.5cm.

Cartier, sir Georges-Étienne. *Discours de Sir Georges-Étienne Cartier*, baronnet.
Voir Tassé, Joseph

Casgrain, l'abbé Henri-Raymond. *Oeuvres complètes de l'abbé H.-R. Casgrain.* Tome 1er: *Histoire de la Mère Marie de l'Incarnation première supérieure des Ursulines de la Nouvelle France*. Québec, C. Darveau, 1873, 114 p. 21cm.

Casgrain, l'abbé Henri-Raymond. *Oeuvres complètes de l'abbé H.-R. Casgrain.* Tome second: *Biographies canadiennes*. Québec, C. Darveau, 1875, 99 p. 21cm.

Casgrain, l'abbé Henri-Raymond. *Oeuvres complètes de l'abbé H.-R. Casgrain.* Tome troisième: *Légendes canadiennes et œuvres diverses*. Québec, Darveau, 1875, 125 p. 21 cm.

Casgrain, l'abbé Henri-Raymond. *Oeuvres complètes*. Montréal, C.O. Beauchemin et fils.
Tome I: *Légendes canadiennes et Variétés,*. 1896, 580 p. 20cm.
Tome II: *Biographies canadiennes,* 1897, 542 p. 20cm.
Tome III: *Histoire de la vénérable Mère de l'Incarnation*. 1896, 599 p. 20cm.
Tome IV: *Histoire de l'Hôtel-Dieu de Québec*. 1896, 592 p. 20cm.

Casgrain, l'abbé Henri-Raymond. *Notre passé littéraire et nos deux historiens*. Dans *Mémoires et Comptes-rendus de la Société Royale du Canada pour les années 1882-1883*. Montréal, Dawson et frères. 1883, Vol. I, première série, section I, pp. 85-90. 29cm.

Chapais, Thomas, *Mélanges de polémiques et d'études religieuses, politiques et littéraires*. Québec, l'Événement, 1905, 373 p. 23cm.

Chapais, Thomas. *Discours et conférences*. Deuxième série. Québec, Garneau, 1913, 404 p. 23cm.

Chapais, Thomas. *Discours et conférences*. Québec, L.J. Demers, 1897, 340 p. 23cm.

Chapleau, Sir Joseph-Adolphe. *Discours de J.A. Chapleau.* Montréal, Sénécal, 1887, 537 p. 23 cm.

Charland, abbé Victor. *Questions d'histoire littéraire, mises en rapport avec le programme de l'Université Laval*. Lévis, Mercier et Cie, 1899, 2e édition, XXV-511, 18cm.

Chauveau, Pierre-Joseph-Olivier. *Charles Guérin, roman de mœurs canadiennes*. Montréal, C.H. Cherrier, 1853, VII-359 p. 21cm.

Chauveau, Pierre-Joseph-Olivier. *L'Intruction publique au Canada. Précis historique et statistique*. Québec, A. Côté et Cie, 1876, XII-366 p. 21cm.

Chauveau, Pierre-Joseph-Olivier. *L'abbé Holmes et Ses conférences de Notre-Dame. Étude littéraire et biographique*. Québec, A. Côté et Cie, 1876, 33 p. 19 cm.

Chevalier, Henri-Émile. *Le Pirate du St-Laurent*. Montréal, Lovell, 1859, 165 p. 16.5cm.

Choquette, Docteur Ernest. *Claude Paysan*. Montréal, Bishop, 1899, 228 p. 19cm.

Choquette, Docteur Ernest. *Les Ribaud, une idylle de 1837*. Montréal, E. Sénécal, 1898, VII-355 p. 18.5cm.

Clapin, Sylva. *Le Canada*. Paris, Plon, Nourrit & Cie, 1885, 263 p. 17cm.

Cloutier, Mgr François-Xavier. *Mandements, Lettres pastorales et Circulaires de Mgr F.X. Cloutier, 3e évêque de Trois-Rivières*. Trois-Rivières, P.V. Ayotte, 1905, Vol. I (1899-1905), 578 p. 20cm.

Conan, Laure, (pseudo de Félicité Angers). *Angéline de Montbrun*. Québec, Léger Brousseau, 1884, 343 p. 16.5cm.

Conan, Laure, (pseudo de Félicité Angers). *Larmes d'amour*. Montréal, Leprohon et Leprohon, 1897, 60 p. 18.5cm.

Conan, Laure. (pseudo de Félicité Angers). *L'Oublié*. Montréal, Beauchemin, 1902, XX-238 p. 18cm.

Conan, Laure, (pseudo de Félicité Angers). *À l'œuvre et à l'épreuve*. Québec, Darveau, 1891, 286 p. 20cm.

Concilia Provinciae Quebecensis, I, II, III, IV. In Quebecensi civitate celebrata, et a Sancta Sede revisa et recognita. Quebeci, apud, P.-G. Delisle, 1870, 320 p. 21cm.

Cornut, Étienne. s.j. *Les Malfaiteurs littéraires*. Paris, Victor Ritaux, 1892, 349 p. 17cm.

Côté, Thomas. *Trois Études*. Lévis, P.G. Roy, 1891, 34 p. 21cm.

Crémazie, Octave. *Oeuvres complètes d'Octave Crémazie, publiées sous le patronage de l'Institut canadien de Québec*. Montréal, Beauchemin, & Fils, 1896, 543 p. 21cm.

Dandurand, Mme J.M. *Nos travers*. Montréal, Beauchemin et Fils, 1901, 232 p. 17cm.

Darveau, L.-Michel. *Nos hommes de lettres*. Montréal, Stevenson, 1873, VI-276 p. 19cm.

David, Laurent-Olivier. *Biographies et portraits*. Montréal, Beauchemin & Valois, 1876, 301 p. 22cm.

Deguise, Charles, Deschênes Miville, Brunet Ludovic, Paré Edmond. *Chronique littéraire publiée dans «l'Union libérale» de Québec par C. Deguise, Miville Deschênes, Ludovic Brunet, Edmond Paré. En 1888 etc... Compilation par Éric Dorion, 1912*. Québec, Imprimerie La Parole, 337 p. 23cm.

Deguise, Charles. *Hélika. Mémoires d'un vieux maître d'école*. Montréal. Sénécal, 1872, 139 p. 22cm.

De Lorimier, Charles C. *Trois jours de fêtes littéraires. Thèses oratoires développées par les élèves du Collège Ste-Marie à l'inauguration de leur nouvelle salle académique*. Montréal, (1865), 45 p. 18cm.

Demers, François-Xavier. *Lettres québecquoises*. Québec, A. Côté et Cie, 1882, 286 p. 18cm.

Deschênes, Miville. Voir Deguise, Charles. *Chronique littéraire*.

Desjardins, docteur Edmond. *Discours sur la nécessité des études classiques*. Mile-End, Imprimerie des Sourds-Muets, 1888, 20 p. 21cm.

Dick, Wenceslas-Eugène. *Un drame au Labrador*. Montréal, Leprohon et Leprohon, 1897, 124 p. 23cm.

Dick. Wenceslas-Eugène. *L'Enfant mystérieux*. Québec. A. Langlais, 1890, 2 vol. 225-297 pp. 19cm.

Dorion, Jean-Baptiste Éric. L'*Institut canadien en 1852*. Montréal, Rowen, 1852, 4-239 p. 15cm.

Doutre, Joseph. *Les Fiancés de 1812. Essai de littérature canadienne, par J. Doutre, étudiant en droit*. Montréal, Louis Perreault, 1844, XX-300 p. 18cm.

Ducharme, Charles-M. *Ris et Croquis*. Montréal, C.O. Beauchemin & Fils, 1889, 464 p. 17cm.

Dunn, Oscar. *Dix ans de journalisme. Mélanges*. Montréal, Duvernay et Frères et Dansereau, 1876, 278 p. 23cm.

Dunn, Oscar. *Lecture pour tous*. Québec, Léger Brousseau, 1877, 214 p. 17cm.

Duquet, J.-N. *Le véritable Petit Albert ou le trésor du peuple.* Québec C. Darveau, 1881, 2e édition, XI-214 p. 16cm.

Duval, H. *Lectures choisies pour la jeunesse.* Montréal, 1875, 130 p. 17cm.

École littéraire de Montréal. *Les Soirées du Château de Ramezay.* Montréal, Sénécal, 1900, XV-402 p. 20cm.

Fabre, Hector. *Chroniques.* Québec, l'Événement, 1877, 265 p. 19cm.

Faucher de St-Maurice, H.E. *Choses et autres.* Études et conférences. Montréal, Duvernay Frères et Dansereau, 1874, 294 p. 19cm.

Fontaine, J.-O. *Essai sur le mauvais goût dans la littérature.* Québec, Des Presses du Canadien, 1876, 16 p. 24cm.

Françoise, (pseudo de Barry, Robertine). *Chroniques du lundi,* s.l., s.e. 1891, 325 p. 22cm.

Françoise, (pseudo de Barry, Robertine), *Fleurs champêtres.* Montréal, Desaulniers, 1895, 203 p. 19cm.

Fréchette, Louis-Honoré. *Pêle-Mêle. Fantaisies et souvenirs poétiques.* Montréal, Lovell, 1877, 332 p. 17cm.

Gagnon, Alphonse. *Questions d'hier et d'aujourd'hui.* Desclée De Brouwer, J.P. Garneau, 1913, 305 p. 17cm.

Gagnon, abbé C.-O. Voir Têtu Mgr H. *Mandements ...*

Gagnon, Ernest. *Choses d'autrefois. Feuilles éparses.* Québec, Dussault, 1905, 320 p. 18cm.

Gagnon, Ernest. *Nouvelles pages choisies.* Québec, J.P. Garneau, 1925, 200 p. 18cm.

Gaspé, Philippe Aubert de. *Les Anciens Canadiens.* Québec, Desbarats et Derbishire, 1863, 412 p. 21cm.

Gaspé, Philippe Aubert de, fils. *Le Chercheur de Trésors ou l'Influence d'un livre.* Mile-End, Imprimerie des Sourds-Muets, 1885, 163 p. 16cm.

Gaume (Mgr) sa thèse et ses défenseurs. Les classiques chrétiens et les classiques payens dans l'enseignement. St-Hyacinthe, Lussier & Frère, 1865, 53 p. 20cm.

Gérin-Lajoie, Antoine. *Jean Rivard le défricheur. Récit de la vie réelle.* Montréal, Rolland et Fils, 1874, 205 p. 18.5cm.

Gérin-Lajoie, Antoine. *Jean Rivard l'économiste.* Montréal, Beauchemin, 1913, 2e éd., 156 p. 19cm.

Girard, Rodolphe. *Florence, Légende historique, patriotique et nationale*. Montréal, s.e., 1900, 127 p. 20cm.

Holmes, abbé Jean. *Conférences de Notre Dame de Québec*. Québec, A. Côté et Cie, 1850, XXIII-137 p. 22cm.

Huston, James. *Le répertoire national ou Recueil de littérature canadienne*. Montréal, Beauchemin et Valois, 1893, 2e éd., 4 vol. :
I, XLIV — 407 p., II, 396 p. ; III, 397 p. ; IV, 427 p. 22cm.

Kirby, William. *Le Chien d'or. Légende canadienne*. Traduit par L.P. Le May. Montréal, l'Étendard, 1884, 2 vol. en 1, 483-294 p. 20cm.

Knot, Maple. *Le Foyer canadien ou le Mystère dévoilé. Nouvelle du jour de Noël*. Traduit par H. Émile Chevalier. Montréal, John Lovell, 1859, 135 p. 15cm.

Labelle, Mgr. A. *La Mission de la race canadienne-française en Canada*. Montréal, Eusèbe Sénécal, 1883, 15 p. 21cm.

Lacasse, Père Zacharie, o.m.i. *Une nouvelle mine : Le Prêtre et ses détracteurs*. Montréal, L'Étendard, 1892, 276 p., 16cm.

Lacasse, Père Zacharie, o.m.i. *Une quatrième mine : Dans le camp ennemi*. Montréal, Cadieux et Derome, 1893 213 p. 18cm.

Lacasse, Père Zacharie, o.m.i. *Une cinquième mine : Autour du drapeau*. Montréal, Coutu, 1895, 191 p. 17cm.

Lacombe, Patrice. *La terre paternelle*. Québec, A Côté & Fils, 1877, 187 p. 15 cm.

Laflèche, Mgr Louis-François Richer. *Mandements, Lettres pastorales et Circulaires de Mgr. Louis-François R. Laflèche, second évêque de Trois-Rivières*. Trois-Rivières, P.V. Ayotte, 1898, 5 vol. 19cm. I, 530-VIII, p. ; II, 525-Xp. ; III, 527 p. ; IV, 525-IV p., V, 500 p.

Lafontaine, Louis-Hyppolyte. L'*Institut canadien en 1855*. Montréal, Sénécal et Daniel, 1855, 255 p. 15cm.

La Harpe. *Cours de littérature ancienne et moderne, suivi du tableau de la littérature au XIVe siècle, par Chénier, et du tableau de la littérature au XVIe siècle, par MM. St-Marc Girardin et Ph. Charles*. Paris, Firmin Didot, 1851, 3 vol. : I, 54-940 p. ; II, 702 p. ; III, 688 p ; 25cm.

Lalande, Louis. *Entre amis. Lettres à son ami Arthur Prévost*. Montréal, Sacré-Cœur, 1807, 300 p. 18cm.

Lambert, L.-A. *Notes on ingersoll*. Preface by Rev. Patrick Cronin. Buffalo, N.Y. Buffalo catholic publication company, Fourth Edition, 1883, V-200-IV p. 18cm.

Laperrière, Auguste. *Les Guêpes canadiennes, compilées et annotées par*. Ottawa, A. Bureau, Première série : 1881, 401-II p. ; Deuxième série : 1882, 350-II p. 20 cm.

Lareau, Edmond. *Histoire de la littérature canadienne*. Montréal, Lovell, 1874, XIII-491 p. 22cm.

Lareau, Edmond. *Mélanges historiques et littéraires*. Montréal, Eusèbe Sénécal, 1877, 352 p. 19cm.

Larose, Wilfrid. *Variétés canadiennes*. Montréal, Institut des Sourds-Muets, 1898, 283 p. 19cm.

Larue, Hubert. *Mélanges historiques, littéraires et d'économie politique*. Québec, Garant et Trudel, 1870, vol. I; Québec, Delisle, 1881, 276 p. 22cm.

Ledieu, Léon. *Entre nous. Causeries du Samedi*. Québec, Vincent, 1889, 273 p. 22cm.

Lefaivre, A. *Conférences sur le Canada français*. Versailles, Bernard, 1874, 60 p. 20cm.

Lefaivre, A. *Conférence sur la littérature canadienne*. Versailles, Bernard, 1877, 61 p. 20cm.

Lefranc, Émile, *Traité théorique et pratique de littérature*. Paris, Lecoffre et cie, 1874, 3 volumes :
I, Style et composition, 374p. ; II, Poétique, VIII-280 p. ; III, Rhétorique et éloquence, IV-348 p. 18cm.

Legendre, Napoléon. *Échos de Québec*. Québec, A. Côté, 1877 ; tome I, 200 p. ; tome II, 204 p. 17cm.

Legendre, Napoléon. *Mélanges, Prose et vers*. Québec, Darveau, 1891, 223 p. 17cm.

Legendre, Napoléon. *Annibal*. Lévis, P.G. Roy, 1898, 120 p. 16cm.

Legendre, Napoléon. *Réalistes et décadents*, dans *Mémoires de la Société Royale du Canada*. Ottawa, John Durie, 1890, 1ère série, Vol. VIII, section I, p. 3-12.

Legendre, Napoléon. *À propos de notre littérature nationale*, dans *Mémoires et Comptes rendus de la Société Royale du Canada*, Ottawa, John Durie et fils, 1895. Seconde série, tome I, section I, p. 63-72, 25cm.

Lemay, Georges. *Petites fantaisies littéraires*. Québec, P.G. Delisle, 1884, 21e p. 18cm.

Le May, Léon-Pamphile. *Picounoc le Maudit*. Québec, Darveau, 1878, 2 vol, 379p. 388p. 17cm.

Le May, Léon-Pamphile, Le *Pèlerin de Ste-Anne. Roman de mœurs*. Montréal, Beauchemin, 1893. Nouvelle édition, 309 p. 21.0cm.

Le May, Léon-Pamphile. L'*Affaire Sougraine*. Québec, Darveau, 1884, 458 p. 17cm.

Le Moine, James MacPherson. *Maple Leaves, a budget of legendary, historical, critical and sporting intelligence*. Quebec, A. Côté, 4 volumes consultés: I, 1863, 110 p.; II, 1864, 224 p.; III, 1865, 140 p.; IV, 1873, VI-289 p.; 22cm.

Le Moine, James MacPherson. *L'Album du touriste: archéologie, histoire, littérature, sport*. Québec, A. Côté, 1872, VI-385 p. 22cm.

Le Moine, James MacPherson. *Monographies et Esquisses*. Québec, Gingras, 1885, 478 p. 22cm.

Le Moine, James MacPherson. *Maple Leaves, Canadian History, Literature, Ornithology*. Quebec, Demers, 1894, 510 p. 21cm.

Leprohon, Mme Rosanna-Eleanor Mullino. *Armand Durand ou la promesse accomplie*. Traduit par J.A. Genaud. Montréal, Beauchemin, 1892, 367 p. 18cm.

Leprohon, Mme Rosanna-Eleanor Mullino. *Antoinette de Mirecourt, ou mariage secret et chagrins cachés*. Roman canadien. Traduit de l'anglais. Montréal, J.B. Rolland, 1881, 343 p. 19.0cm.

Lespérance, John. The *Literature of French Canada*. Dans *Mémoires et Comptes rendus de la Société Royale du Canada*, pour les années 1882-83. Montreal, Dawson et frères, 1883, vol. I, première série, section I, p. 81-88, 29cm.

Lettre ouverte aux auteurs anonymes de Ruines cléricales. Montréal, Émile Demers, s.d., 29 p. 17cm.

Littérature canadienne (la) de 1850 à 1860. Publiée par la direction du « Foyer canadien ». Québec, Tome I, Desbarats et Derbishire, 1863, 390 p. ; Tome II, G. et G.E. Desbarats, 1864, 390 p. 21cm.

Lusignan, Alphonse. *Coup d'œil et coup de plume*. Ottawa, Free Press, 1884, II-342 p. 20cm.

Lusignan, Alphonse. *À la mémoire de. Hommage de ses amis et confrères*. Montréal, Desaulniers et Leblanc, 1892, 327 p. 19cm.

Mandements, Lettres pastorales, circulaires et autres documents, publiés dans le diocèse de Montréal depuis son érection jusqu'à l'année 1869. Tome I, Montréal, Chapleau-Fils, 1887, IV-499 p. 21cm. Tome II, Chapleau Frères, 1869, 500 p. 21cm.

Marchand, Félix-Gabriel. *Mélanges poétiques et littéraires*. Montréal, Beauchemin et Fils, 1899, XII-368 p. 22cm.

Marmette, Joseph-Étienne-Eugène. *Charles et Eva. Roman historique canadien*. Montréal, Ed. Lumen, 1945, 189 p. 19cm.

Marmette, Joseph-Étienne-Eugène. *François de Bienville, Scènes de la vie canadienne au XVII*[e] *siècle*. Québec, Brousseau, 1870, 299 p. 21cm.

Marmette, Joseph-Étienne-Eugène. L'*Intendant Bigot*. Montréal, G. Desbarats, 1872, 94 p. 22cm.

Marmette, Joseph-Étienne-Eugène. Le *Chevalier de Mornac. Chroniques de la Nouvelle-France, 1664*. Montréal, L'*Opinion publique*, 1873, 100 p. 22cm.

Marmette, Joseph-Étienne-Eugène. *Récits et Souvenirs*. Québec, Darveau, 1891, 257 p. 19cm.

Marmette, Joseph-Étienne-Eugène. Le *tomahawk et l'épée*. Québec, Brousseau, 1877, 207 p. 17cm.

Marmette, Joseph-Étienne-Eugène. *Les Machabées de la Nouvelle-France. Histoire d'une famille canadienne*, 1641-1768. Québec, Brousseau, 1882, 180 p. 16cm.

Marmette, Joseph-Étienne-Eugène. *Héroïsme et trahison. Récits canadiens*. Québec, Darveau, 1881, 4e édition, 204p. 17cm.

Martigny, Paul de. *Mémoires d'un reporter*. Montréal, Imprimerie Modèle, s.d., 188 p. 25cm.

Meilleur, Jean-Baptiste. *Mémorial de l'Éducation du Bas-Canada*. Québec Léger Brousseau, 1876, 2e édition, 454 p. 21cm.

Mestre, P., s.j. *Principes de littérature*. Style, composition, poétique, histoire littéraire des genres. Paris, J. Briguet, 1882, III-456 p. 18cm.

Mondelet, Charles. *Lettres sur l'éducation élémentaire et pratique*. Montréal, John-James, Williams, 1841, 60 p. 25cm.

Myran, D. P. *Mémoire sur le Canada. Études sur l'instruction publique, chez les Canadiens français*. Québec, 1857, 24 p. 19cm.

Nantel, Mgr Antoine. *Pages historiques et littéraires*. Montréal, Arbour et Dupont, 1928, 431 p. 18cm.

Nantel, l'Honorable G. A. *Discours sur l'Instruction publique, prononcé au Cercle Ville-Marie, le 5 juin 1893*, Québec, 1893, 34 p. 22cm.

Nantel, l'Honorable G. A. *Des études classiques. Discours prononcé à Ste-Thérèse, le 9 novembre 1898*. Montréal, 1898, 30p. 21cm.

Orsonnens, Eraste d'. *Littérature canadienne. Une apparition. Épisode de l'émigration irlandaise au Canada*. Montréal, 1840, 180 p. 13cm.

Orsonnens, Eraste d'. *Felluna, la vierge iroquoise. Une épluchette de blé d'inde. Une résurrection*. Montréal, Sénécal et Daniel, 1856, 162 p. 13cm.

Panneton, l'abbé J. Élisée. *Un sanctuaire canadien, deux esquisses biographiques. Impressions diverses*. Montréal, C.O. Beauchemin, 1897, 161 p. 20cm.

Paquet, Mgr L.A. *Discours et allocutions*. Québec, Imprimerie franciscaine, 1915, VIII-354 p. 18cm.

Paré, Edmond. Voir Deguise, Charles. *Chroniques littéraires*.

Pelland, J.O. *Biographie. Discours et conférences de l'honorable Honoré Mercier*. Montréal, [s.e.], 1890, 814 p. 22cm.

[Pelletier, abbé Alexis]. *Question (la) des classiques en présence des rectifications et des critiques de M. l'abbé Chandonnet, par un chrétien*. [s.l.], 1865, 44 p.

Perreault, J. François, *Plan raisonné d'éducation générale et permanente*. Québec, 1830, 9 p. 21cm.

Piquefort, Jean [pseudo du Juge Adolphe-Basile Routhier]. *Portraits et Pastels littéraires*. Québec, Brousseau, 1873, 1ère livraison, 54p., 2e livraison, 48 p., 3e livraison, 23 p., 4e livraison, 60 p. 14cm.

Proulx, abbé Jean-Baptiste. L'*enfant perdu et retrouvé ou Pierre Cholet*. Montréal, Beauchemin, [1892], 194 p. 17cm.

Rousseau, Edmond. *Les Exploits d'Iberville*. Québec, Darveau, 1888, 254 p. 20cm.

Rousseau, Edmond. *Le Château de Beaumanoir*. Lévis, Mercier et cie, 1886, 274 p. 19cm.

Routhier, sir Adolphe-Basile. *Conférences et discours*. Deuxième série, Montréal, Beauchemin, 1904, 420 p. 22cm.

Routhier, sir Adolphe-Basile. *Conférences et discours*. Montréal, Beauchemin, 1889, 434 p. 21cm.

Routhier, sir Adolphe-Basile. *Causeries du Dimanche*. Montréal, C.O. Beauchemin et Valois, XII-294 p. 17.0cm.

Routhier, sir Adolphe-Basile. *Conférences et discours*. Montréal, Beauchemin, 1913, 140 p. 21cm.

Roy, abbé Charles-Joseph. *Principaux discours de Mgr Antoine Racine, 1er évêque de Sherbrooke*. Publiés par l'abbé C. J. Roy. Lévis, 1928, VII-311 p. 23cm.

Roy, Pierre-Georges. *À travers les Anciens canadiens de Philippe Aubert de Gaspé* Montréal, Ducharme, 1943, 279 p. 19cm.

Ruines cléricales (les). Montréal, A. Filiatreault, éditeur, 1893, 182 p. 18cm. (Préface de Joseph Doutre).

Saint-Aimé, Georges. *Lettres à Mgr Baillargeon sur la question des classiques etc*. [s.l.], 1867, 51 p. 21.5cm.

Saint-Aimé, Georges. *Réponse aux dernières attaques dirigées par M. l'abbé Chandonnet contre les partisans de la méthode chrétienne, etc*. (s.l.) 1868, 56 p. 21.5cm.

Savary, Charles. *Feuilles volantes. Recueil d'études et d'articles de journaux*. Ottawa, W. T. Mason, 1890, 517 p. 17cm.

Singer, F. B., notaire. *Souvenirs d'un exilé canadien*. Montréal, John Lowell, 1871, 303 p. 16cm.

Stewart, George jr. *Canadian Leaves. History, Art, Science, Literature, Commerce. A Series of New Papers read before the Canadien Club of New York*. New-York, Fairchild, 1887, VII-289 p. 22cm.

Sulte, Benjamin. *The Historical and Miscellaneous Literature of Quebec, 1764 to 1830*. Dans *Mémoires et Comptes rendus de la Société Royale du Canada*. Ottawa, John Durie et fils, 1897, vol. III, 2e série, section II, p. 269-278, 25cm.

Sulte, Benjamin. *Le Coin du feu. Histoire et fantaisie*. Québec, C. Darveau, 1883, 209 p. 16cm.

Sulte, Benjamin, *Mélanges d'histoire et de littérature*. Ottawa, Joseph Bureau, 1876, 4 vol.: I, de la page 1 à 123; II, de 127 à 143; III, de 247 à 373; IV, de 377 à 499. 17cm.

Taché, Louis-Hippolyte. *La poésie française au Canada. (Précédé d'une revue historique de la littérature canadienne-française, par Benjamin Sulte)*. St-Hyacinthe, Courrier de St-Hyacinthe, 1881, 288 p. 21cm.

Tardivel, Jules-Paul. *Mélanges ou Recueil d'études religieuses, sociales, politiques et littéraires*. Première série, 3 vol.:
I, Québec, La Vérité, 1887, 399 p. 22cm.
II, Québec, L.J. Demers, 1901, 403 p. 22cm.
III, Québec, S.-A. Demers, 1903, LVII-346 p. 22cm.

Tardivel, Jules-Paul. *Pour la Patrie. Roman du XXe siècle*. Montréal, La « Croix », 1936, 2e édition, 377 p. 19cm.

Tassé, Joseph. *Discours de sir Georges-Étienne Cartier, baronnet*. Montréal, Eusèbe Sénécal et Fils, 1893. XII-817 p. 25cm.

Têtu, Mgr H., et Gagnon, Abbé C.O. *Mandements, lettres pastorales et circulaires des Évêques de Québec*. Québec, Imprimerie A. Côté et cie, 1887, t. II, 566 p.; 1888, t. III, 635 p.; t. IV, 794 p.; nouvelle série 1889, t. I, 570 p.; 1890, t. II, 826 p. 21cm.

Thibault, Charles. *Hier, aujourd'hui, et demain ou Origines et destinées canadiennes*. Québec, (s.e.), 1880, 14 p. 21cm.

Thibault, Charles. *Discours choisis*. Montréal, E. Garand, 1931, 215 p. 18cm.

Thomas, Alphonse. *Albert ou L'Orphelin catholique. Publié avec l'approbation de Mgr. de Montréal*. Montréal, Beauchemin, 1924, 203 p. 20cm.

Thomas, Alphonse. *Gustave ou un héros canadien, roman historique et polémique*. Montréal, Beauchemin, 1901, 376 p. 20cm.

Tremblay, Rémi. *Un revenant. Épisode de la Guerre de Sécession aux États-Unis*. Montréal, La Patrie, 1884, 437 p. 18cm.

Université Laval (Québec). *Conférences publiques, 1900-1901*. Québec, L.-J. Demers, 1901, VI-387 p. 20cm.

Villemain, M. *Cours de littérature française*. Paris, Didier, 1852, 4 volumes. I, vi-396.; II, 450 p.; III, 430 p.; IV, 418 p. 17cm.

Villeneuve, Alphonse. *Conférence. Nos faiblesses et nos forces à l'égard de la vérité*. Montréal, Beauchemin et Valois, 1871, 130 p. 23cm.

Albums, almanachs, annales, annuaires, journaux et revues

(Après le titre du périodique, nous donnons ici le nom du fondateur ou celui d'un rédacteur qui a retenu notre attention; nous mentionnons aussi les détails qu'il a été possible d'obtenir.)

Abeille canadienne (l'). Journal de littérature et de sciences. Fondateur-directeur: Henri Mézière, Montréal, Lane, 1er août 1818-15 janvier 1819. Bimensuel, 23cm.

Abeille canadienne (l'). F.-X. Garneau. Québec, 7 décembre 1833-8 février 1834. Hebdomadaire.

Abeille canadienne (l'). Fondateur J. Laurin. Montréal, 4-11 août 1843.

Abeille (l') du Petit Séminaire de Québec. Québec, 1848-1854, 1858-1862, 1877-1882. Hebdomadaire.

Album de la Minerve (l'). Montréal, Duvernay et Frères et Dansereau, éditeurs. 3 volumes de 27cm. 1872-73, 1874.

Album de la Revue canadienne. Montréal, Beauchemin, 1899, 976 p. 25cm.

Album du «Canadien». Choix de morceaux littéraires, historiques et scientifiques et artistiques. Québec, 1849, 199 p.

Album littéraire et musical de la Minerve. Montréal, Ludger Duvernay. Janvier 1846-juin 1851.

Album littéraire et musical de la Revue canadienne. Montréal, L.O. Letourneux. 2 vol.: I, 1846, 357p.; II, 1847, 334 p.

Alliance nationale (l'). Montréal, E.Z. Massicotte, 1895-1901.

Ami de la religion et de la patrie (l'). Québec, S. Drapeau; Jacques Crémazie, rédacteur. 28 janvier 1848-13 mars 1850.

Ami du lecteur. Journal littéraire. Montréal, Mensuel. Décembre 1899-janvier 1902.

Annales de la Société St-Jean-Baptiste de Québec. Québec, Chouinard. 1889-1901.

Annales térésiennes. Revue du Séminaire Ste-Thérèse. Montréal, 4 volumes: I, 1880-1892; II, 1883-1885; III, 1891-1893; IV, 1893-1895.

Annuaires de l'Académie Commerciale Catholique de Montréal. Montréal, pour les années 1871-1900.

Annuaires de l'École Normale Jacques-Cartier. Montréal, pour les années 1882-1892, 1898-1900.

Annuaires de l'Institut canadien de Montréal, pour les années 1866, 1867, 1868 et 1870. Montréal, Louis Perrault.

Annuaires de l'Institut canadien de Montréal, pour l'année 1869: L'Institut canadien vis-à-vis de l'opinion et de l'autorité diocésaine. Montréal, Perrault, 1870, 50p. 22cm.

Annuaire de l'Institut canadien de Québec. 1876. Québec, A. Coté & Cie, 1876, 188p. 22cm.

Annuaires de l'Institut canadien de Québec, pour les années 1874, 1875, 1877, 1879, 1880, 1881, 1882, 1885, 1888, 1889. Québec, A. Côté & Cie.

Annuaires de l'Université Laval. Québec , pour les années 1856-1900.

Annuaires du Collège Bourget (Rigaud), pour les années 1884-1900.

Annuaires du Collège de l'Assomption. Montréal, pour les années 1884-1900.

Annuaires du Collège de Lévis. Lévis, pour les années 1886-1900.

Annuaires du Collège de Ste-Anne de la Pocatière. Québec, Darveau, pour les années 1887-1900.

Annuaires du Collège de Valleyfield. Valleyfield, pour les années *1895-1900*.

Annuaires du Collège du Sacré-Cœur. Arthabaska, pour les années 1890-1900.

Annuaires du Collège Ste-Marie. Montréal, pour les années 1877-1900.

Annuaires du Collège St-Laurent. Montréal, pour les années 1886-1900.

Annuaires du Séminaire de Chicoutimi. Chicoutimi, pour les années 1880-1900.

Annuaires du Séminaire de Joliette. Joliette, pour les années 1880-1900.

Annuaires du Séminaire de Nicolet. Nicolet, pour les années 1879-1900.

Annuaires du Séminaire de Rimouski. Rimouski, pour les années 1886-1900.

Annuaires du Séminaire de Ste-Thérèse. Montréal, pour les années 1873-1900.

Annuaires du Séminaire de St-Hyacinthe. St-Hyacinthe, pour les années 1872-1900.

Annuaires du Séminaire St-Charles-Borromée. Sherbrooke, pour les années 1875-1900.

Aurore (l'). Journal politique, littéraire et anecdotiques. Montréal, Michel Bibaud et J.-V. Delorme. 10 mars 1817-4 septembre 1819.

Avenir (l'). Montréal, J.B.E. Dorion, directeur-gérant. 16 juillet 1847-22 décembre 1857.

Bibliothèque canadienne (la). Montréal, Michel Bibaud, directeur. 1825-1830. Revue mensuelle dont l'ensemble des numéros forme une collection de 9 volumes de 22cm.

Bibliothèque canadienne-française (la). Québec, C.J. Magnan, fondateur. Mensuelle. Septembre 1896-août 1897.

Bon Combat (le). Joliette, L'abbé F.-A. Baillargé. Janvier-décembre 1893.

British Canadian Review. Québec. Hebdomadaire. Décembre 1862-février 1863.

Canada français (le). Revue publiée sous la direction d'un comité de professeurs de l'Université Laval. Québec, P.E. Hamel, 1888-1891.

Canada (the) Temperance Advocate, devoted to temperance, agriculture and education. Montreal, Campbell and Becket. 1841-1843.

Canada artistique (le). Montréal, A. Filiatreault. Mensuel illustré, 1890.

Canada-Revue (suite du *Canada artistique)*. Montréal, A. Filiatreault. Janvier 1891-août 1894.

Canadian (The). Magazine and Literary Repository. Montreal, Turner. Mensuel. Juillet 1823-juin 1825.

Canadian (The Patriot). Montreal. 1864.

Canadiana. A collection of canadian notes. Montreal, White. Monthly, 1889-1890.

Canadien (le). Québec, 22 novembre 1866-14 mars 1810; 14 juin 1817-15 décembre 1819; 19 janvier 1820-2 mars 1825; 7 mai 1831-17 décembre 1845.

Canadien illustré (le). Recueil de littérature choisie. Montréal, mai 1881-janvier 1882.

Cent Cueillettes. Montréal, M.I. David, éditeur propriétaire. Hebdomadaire de 16 pages écrites pour la classe agricole et ouvrière. 4 janvier 1883-5 avril 1883.

Chercheur (le). Revue éclectique. Littérature, sciences, beaux-arts. Québec, J.F. Dumontier, directeur-gérant. Bi-mensuel. Octobre 1888-décembre 1889.

Cloche du dimanche (la). Woonsocket-Montréal. G. Veckeman. Hebdomadaire. 14 octobre 1897-29 octobre 1900.

Coin du feu (le). Recueil de lectures instructives. Québec. Étienne Parent. 21 novembre 1840-13 novembre 1841.

Coin du feu (le). Montréal. Mensuel. Janvier 1893-décembre 1896.

Collégien (le). Journal du Séminaire de St-Hyacinthe. Volume I: 14 novembre 1873-26 juin 1874 ; Vol. II: 2 octobre 1874-25 juin 1875. Vol. III: 15 octobre 1875-23 juin 1876.

Courrier du Canada (le). Québec. Quotidien. 2 février 1857-11 avril 1901.

Courrier de Montréal (le). Montréal. Cléophas Beausoleil, L.O. David. Hebdomadaire. 17 septembre 1874-6 octobre 1876.

Courrier de Montréal (le). Montréal. Ludger Duvernay, fondateur. Quotidien. 26 mai 1879-12 avril 1883.

Courrier de Québec (le). Québec. Jacques Labrie, rédacteur. 3 janvier 1807-31 décembre 1808.

Croix (la). Revue mensuelle dévouée aux intérêts de l'Église. Québec, Bégin. Mai-novembre 1897.

Drapeau (le). Montréal. L.A. Chauvin. Revue politique. Mensuelle. Septembre-décembre 1889.

Écho (l') de la France. Montréal. Louis Richard, directeur. Hebdomadaire. Décembre 1865-décembre 1869.

Écho (l') du Cabinet de lecture paroissial de Montréal. Montréal, Messieurs du Séminaire de St-Sulpice, fondateurs. 1859-1873.

Encyclopédie canadienne (l'). Journal littéraire et scientifique. Montréal. Michel Bibaud, éditeur-directeur. Mensuel. Mars 1842-février 1843.

Étudiant (l'). Journal du Séminaire de Joliette. F.A. Baillargé, directeur. Mensuel. 1885-1892.

Fantasque (le). Québec. Napoléon Aubin: Août-décembre 1837. 11 février 1838-14 mars 1842. 7 avril 1842-11 septembre 1843. novembre 1843-février 1849. Côté, Proulx & Cie: 19 novembre 1857-6 mai 1858.

Feuille d'érable (la). Magazine sociologique, littéraire et anecdotique. Semi-mensuel. 10 avril-25 juin 1896.

Feuilleton (le. Supplément du Fantasque. Québec. Napoléon Aubin. 4 septembre-20 décembre 1838.

Feuilleton (le). Recueil de littérature. Montréal. Semi-mensuel. 2 octobre 1865-15 septembre 1866.

Foyer canadien (le). Recueil littéraire et historique. Québec, Desbarats et Derbyshire. 4 vol.: I, 1863, 398p.; II, 1864, 383p.; III, 1865, 328p.; IV, 1866, 565p.

Foyer domestique (le). Ottawa, Stanislas Drapeau. 1876-1880.

Gazette de Trois-Rivières (la). Trois-Rivières. Ludger Duvernay, propriétaire éditeur. Hebdomadaire. Juillet 1817-mars 1822.

Glaneur (le). Journal littéraire, d'agriculture et d'industrie. St-Charles. J.P. Boucher-Belleville. Décembre 1836-septembre 1837.

Glaneur (le). Lévis. Pierre-Georges Roy. Bi-mensuel. Novembre 1890-septembre 1892.

Institut (l') ou Journal des Étudiants. Québec F.X. Garneau et David Roy, rédacteurs. 7 mars 1841-22 mai 1841. 50p. 43cm.

Institut canadien (l') en 1852. Montréal J.B. Éric Dorion. W. H. Rowen, éditeur. 1852, 237p. 14cm.

Institut canadien (l') en 1855. Montréal. J. Hippolyte Lafontaine. Sénécal et Daniel, éditeurs. 1855, 225p. 14cm.

Institut canadien-français d'Ottawa. 1852-1877. Célébration du 25ième anniversaire. Ottawa, Imprimerie Foyer domestique. 1879, 120p. 21cm.

Journal de Lévis (le). Lévis, R.C. Tanguay, rédacteur. Louis Fréchette, collaborateur. 13 avril 1865-20 novembre 1866.

Journal de l'Instruction publique (le). Montréal. P.J.O. Chauveau. 1857-1879.

Journal de Québec (le). Québec. A. Côté, propriétaire. 1er décembre 1842-1er octobre 1889.

Journal des Étudiants (le). Québec. J.V. Delorme. 26 décembre 1840-27 février 1841.

Journal du dimanche (le). Montréal. J.C. Dansereau, rédacteur. 22 décembre 1883-17 mars 1885.

Kermesse (la). Québec. 23 septembre 1892-27 mars 1893.

Lanterne (la). Montréal. Arthur Buies, directeur-propriétaire. 17 septembre 1868-18 mars 1869. 30 juin 1884.

Lyre d'or (la). Ottawa. Stanislas Drapeau, directeur. Mensuelle. Janvier 1888-juin 1889.

Magasin du Bas-Canada (le). Journal littéraire et scientifique. Montréal. Michel Bibaud. Imprimerie Ludger Duvernay. Mensuel. Janvier-novembre 1832. Vol. de 200 pages, 21cm. (suite de *l'Observateur*.

Magazine de Québec (le). Québec. Nelson. Août 1792-novembre 1793.

Mélanges religieux (les). Recueil périodique. Montréal. L'Abbé J.C. Prince. 4 volumes consultés: I, 1841, V-430-30p. ; II, 1841, 442p. ; III, 1842, 580-100p. ; IV, 1842, 448p. 21cm.

Mémoires et Comptes-rendus de la Société Royale du Canada. 1ère Série, Montréal, Dawson & Frères. Du tome I (1882-1883) au Tome XIII 1894; 29cm. ; 2ième Série, Ottawa, John Durie & Fils. Du Tome I (1895) au Tome XII (1906), 25cm.

Ménestrel (le). Journal littéraire et musical. Québec. Stanislas Drapeau et A. Plamondon. Hebdomadaire. 20 juin 1844-9 janvier 1845.

Minerve (la). Montréal. Auguste-Norbert Morin, fondateur, Ludger Duvernay, directeur (1826-1852). Quotidien. 9 novembre 1826-31 mai 1899.

Monde illustré (le). Montréal. M. Ledieu, directeur. Hebdomadaire. 10 mai 1884-30 décembre 1899.

Nouvelle France (la). Revue littéraire, scientifique et philosophique. Québec. J. Auger, directeur. Bi-mensuelle puis mensuelle. Mai 1881-juillet 1882.

Nouvelles Soirées canadiennes (les). Recueil de littérature nationale (suite des *Soirées canadiennes)*. Québec, janvier 1882-1884. Montréal, 1884-1886. Ottawa, 1886-1887. Montréal, 1887-1888. Louis H. Taché, directeur. Mensuel. 22cm.

Observateur (l'), ci-devant *la Bibliothèque canadienne* Michel Bibaud, directeur. Imprimerie Ludger Duvernay. Juillet 1830-juillet 1831. 21cm.

Opinion publique (l'). Journal hebdomadaire illustré. Montréal. G.E. Desbarats , L.O. David. 1er janvier 1870-27 décembre 1883.

Opinion publique (l'). Montréal. Louis H. Taché. Hebdomadaire. 16 décembre 1892-16 juin 1893.

Ordre (l'). Montréal. Joseph Royal et Cyrille Boucher, fondateurs. 23 novembre 1858-23 octobre 1871.

Ordre social (l'). Québec. Stanislas Drapeau, 28 mars, 26 décembre 1850.

Paris-Canada. Organe international des intérêts canadiens et français. Paris, Hector Fabre, directeur. 7 volumes, 1884-1900.

Philantrope (le). Organe de la Société canadienne des États-Unis. Providence. U.S.A., L.J. Bachand, directeur-propriétaire. Juin 1892.

Petite Revue (la). Montréal. Alphonse Pelletier. 1899-1900.

Populaire (le). Montréal. Léon Gosselin, propriétaire. Hyacinthe Leblanc de Marconnay, éditeur. 10 avril 1837-16 mars 1838.

Québec Magazine (The). Bilingual. Québec. Nelson. Octobre 1792-novembre 1793.

Recueil littéraire (le). Montréal. Ste-Cunégonde. Victor Grenier, éditeur-propriétaire. Pierre Bédard, directeur. E.Z. Massicotte, rédacteur. 1888-1891. (*Le Recueil littéraire* s'appelle *le Petit Recueil littéraire* en 1888.)

Réveil (le). Québec. Arthur Buies. 27 mai-16 septembre 1876. Montréal. 23 septembre-23 décembre 1876. Forme un volume de 484p. Hebdomadaire.

Réveil (le). Revue politique et littéraire. Montréal. A. Filiatreault. Suite de *Canada-Revue*. Septembre 1894-décembre 1899.

Revue canadienne (la). Montréal. Letourneux. Mensuelle puis hebdomadaire (1847), 4 janvier 1845-29 septembre 1848.

Revue canadienne (la). Montréal. Eusèbe Sénécal, éditeur. Mensuelle. 1864-1900.

Revue de Montréal (la). Théologie, philosophie, droit, économie sociale politique, sciences, lettres, histoire, éducation, beaux-arts. Montréal. L'Abbé T.A. Chandonnet. Mensuelle. Janvier 1877-décembre 1820.

Revue de Montréal (la). Politique, commerce, industrie, littérature. Montréal. Juillet-octobre 1893.

Revue des deux Frances. Paris. Achille Steens, directeur. J.A. Lefebvre, administrateur général pour le Canada. 1897-1899.

Revue ecclésiastique de Valleyfield. Valleyfield. Mensuelle. 1896-1900.

Revue nationale (la). Montréal. Chartrand. Février 1895-mars 1896.

Ruche littéraire et politique (la). Montréal G.H. Cherrier, éditeur. H. Émile Chevalier, rédacteur. Février 1853-juillet 1855. Mars-juin 1859.

Semaine (la). Québec. Darveau. Hebdomadaire. 2 janvier-24 décembre 1864.

Semaine religieuse de Montréal (la). Montréal. Volume I (1883)-Volume XXXVI (1900), 20cm.

Semaine religieuse de Québec (la). Québec. Abbé D. Gosselin, directeur. Hebdo. A. Côté & Cie, éditeur. Vol. I (1888) - Vol. XIII (1900). 25cm.

Soirées canadiennes (les). Recueil de littérature nationale. Québec. Brousseau & Frère. 5 volumes: I, 1861, III-479p.; II, 1862, 402-24-16p.; III, 1863, 428p.; IV, 1864, 411p.; V, 1865, 375p.

Spectateur canadien (le). Journal de littérature, de politique et de commerce. Montréal. Charles B. Pasteur. Michel Bibaud, directeur en 1820. 1813-1821.

Veillées du Père Bonsens (les) ou les événements du jour mis à la portée de tout le monde. Montréal. Napoléon Aubin. 1873, 80p. 24cm.

Vérité (la). Québec, Jules-Paul Tardivel, directeur-fondateur. Quotidien. 1881-1900.

III. Instruments de travail

Recueils bibliographiques, répertoires, catalogues

Audet, Francis-J. et Malchelosse, Gérard. *Pseudonymes canadiens*. Montréal, G. Ducharme, 1936, 189p. 19cm.

Beaulieu, André et Hamelin, Jean. *Bibliographie de la Presse du Québec*. 1ère partie: les Journaux. Québec, les Presses de l'Université Laval, (sous presse).

Dionne, Narcisse-Eutrope. *Inventaire chronologique des livres, brochures, journaux et revues, publiés en langue française dans la Province de Québec depuis l'établissement de l'imprimerie au Canada jusqu'à nos jours. 1764-1905*. Québec, 1905, T.I, VIII-175p. 27cm.

Fraser, Jan Forbes. *Bibliography of French-Canadian poetry*. Part I: From the beginnings of the literature through the École littéraire de Montréal. New-York, Institute of French Studies, Inc. Columbia University [1935] VI-105p. 21cm.

Gagnon, Philias. *Essai de bibliographie canadienne: inventaire d'une bibliothèque comprenant imprimés, manuscrits, estampes, etc., relatifs à l'histoire du Canada et des pays adjacents.* Québec, l'Auteur, 1895, VIII-711p. 26cm.

Goggio, Emilio. *A bibliography of Canadian cultural periodicals (English and french from colonial times to 1950) in Canadian libraries, compiled by Emilio Goggio, Beatrice Corrigan, Jack H. Parker* [Toronto] Department of Italian, Spanish and Portuguese, University of Toronto, 1955, 45p. 22cm.

Renaud, Raoul, *Courrier du livre*. Revue mensuelle de bibliophilie et de bibliographie. Québec, Léger Brousseau, vol. 1-5, mai 1896-juin 1900, 22cm.

Tangue, Raymond. *Bibliographie des Bibliographies canadiennes.* Toronto — U.T.P., 1960, 206p. 24cm.

IV. Études

Ouvrages généraux de critique littéraire

Albérès, René-Marill. *Histoire du roman moderne.* Paris, Albin Michel, 1962, 460p. 21cm.

Angers, Pierre. *Foi et littérature.* Beauchemin, Montréal, 1959, 107p. 21cm.

Lanson, Gustave. *Histoire de la littérature française*, remaniée et complétée pour la période 1850-1950 par Paul Tuffrau, Paris, Hachette, 1951, XVIII-1441p. 18cm.

Lemaître, Jules. Les Contemporains. Études et portraits littéraires, huitième série. Paris, Boivin et Cie, s.d., 355p. 18cm.

Maritain, Jacques. *Art et scolastique*. Paris, La librairie de l'Art catholique, 1920, 251p. 16cm.

May, Georges. *Le dilemme du roman au XVIII[e]s. Étude sur les rapports du roman et de la critique, (1715-1761).* Paris, Presses Universitaires de France, 1963, 294p. 22cm.

Suberville, Jean. *Théorie de l'Art et des Genres littéraires,* à l'usage des classes de lettres du second degré et de l'enseignement supérieur. Paris, Éditions de l'École, 1951, 486p. 21cm.

Volumes de critique littéraire canadienne

Bisson, Laurence-A. *Le romantisme littéraire au Canada français*. Paris, Librairie Droz. 1932, 285p. 26cm.

Brunet, Berthelot. *Histoire de la littérature canadienne-française*. Montréal, l'Arbre, 1946, 187p. 19cm.

Charbonneau, Jean. *Des Influences françaises au Canada*. Montréal, Beauchemin, 3 vol: I, 1917, 226p.; II, 1918, 375p.; III, 1920, 320p. 19cm.

Dandurand, abbé Albert. *Le roman canadien-français*. Montréal, Albert Lévesque, 1937, 253p. 19cm.

Farley, Paul-Émile et Lamarche, Gustave. *Histoire du Canada*. Cours supérieur. Montréal, Librairie des Clercs de St-Viateur, 1935, 546p. 22cm.

Littérature et société canadiennes-françaises. Ouvrage réalisé sous la direction de Fernand Dumont et Jean-Charles Falardeau. Québec, Les Presses de l'Université Laval, 1964, 272p. 27cm.

Marcotte, Gilles. *Une littérature qui se fait*. Montréal, Éditions H.M.H., 1962, 295p. 20cm.

Marion, Séraphin. *Les lettres conadiennes d'autrefois*, Ottawa, l'Éclair, tome IV, *la phase préromantique*, 1944, 192-7p. tome VIII, *littérateurs et moralistes du Canada français d'autrefois*, 1954, 192-5p. 19cm.

Roy, Mgr Camille. *Manuel d'histoire de la littérature canadienne de langue française*. Montréal, Beauchemin, 1939, 191p. 18cm.

Tougas, Gérard. *Histoire de la littérature canadienne-française*. Paris, Presses Universitaires de France, 1960, 286p. 21cm.

Trudel, Marcel. *L'Influence de Voltaire au Canada*. Montréal, Fides, 1945, deux volumes: I, 221p.; II, 315p. 20cm.

Tuchmaier, Henri. *Évolution de la technique du roman canadien-français*. Thèse de doctorat de l'Université Laval, Université Laval, 1958, XLVII-370p. 29cm.

Vattier, Georges. *Essai sur la Mentalité canadienne-française*. Paris, Champion, 1928, IV-384p. 25cm.

Articles de revues

Hare, John. *Introduction à la sociologie de la littérature canadienne-française du XIXe siècle*, dans *l'Enseignement secondaire*, XIII, (mars-avril 1963), p. 67-92.

Hayne, David. *Sur les traces du Préromantisme canadien* dans *Archives des Lettres canadiennes*. Tome I: Mouvement littéraire de Québec 1860. Bilan littéraire de l'année 1960. Ed. de l'Université d'Ottawa, 1961. Numéro spécial de la Revue de l'Université d'Ottawa, avril-juin (1961), p. 131-157, 26cm.

Hayne, David-M. *Les lettres canadiennes en France*, dans *Revue de l'Université Laval*, XV (1961) p. 222-230, 328-333, 420-426, 507-514, 716-725. XVI, (1961), 140-148.

Lauzières, Arsène. *Primevères du roman canadien-français*, dans *Culture*, XVIII (septembre 1957), p. 225-245; XIX (septembre-décembre 1958) p. 233-257; 359-376.

Plastre, Guy. *Roman et survivance française*, p. 109-122 dans *Tought from the learned Societies of Canada*. Toronto, W.J. Gage limited, 1961, VI-258p. 24cm.

Tuchmaier, Henri. *L'Évolution du roman canadien*, dans *La Revue de l'Université Laval*, XIV (octobre 1959), p. 131-143; (novembre 1959) p. 235-247.

Achevé d'imprimer par les travailleurs
des ateliers Marquis Ltée de Montmagny
en juin mil neuf cent soixante-dix-sept